Du bist der Schöpfer deines Lebens

Raus aus dem Hamsterrad

Ein 7-Schritte-Plan, um frei zu sein

Carlos Marchand

www.schoepferdeineslebens.de

Inhalt

Einführung

Teil I Eine kleine Analyse der Situation

Warum wir Sklaven des Systems sind

In der Schule werden keine politischen und ökonomischen Zusammenhänge unterrichtet

Die Bedeutung von Geld verstehen

Die Generation Zero: Zero Jobs, Zero Perspektiven

Es gibt aber einen anderen Weg

Teil II Der Plan

Der erste Schritt – Der Selbst-Check

Deine limitierenden Glaubenssätze

Liebst du das, was du tust, oder tust du es, weil du es musst?

Wie nutzt du denn dein Potenzial?

Handle jetzt und sei kein Jammerlappen!

Zweiter Schritt – Erschaffe eine neue Welt

Befreie dich von der Abhängigkeit des Geldes!

Befreie dich von der Abhängigkeit der Zeit!

Befreie dich von der Abhängigkeit der Örtlichkeit!

Dritter Schritt – Entwickle eine unternehmerische Mentalität

Nutze die Kräfte des Systems

Nutze die Kräfte der New Economy

Dein Büro ist deine Couch in deinem Wohn- oder Schlafzimmer

Um Erfahrung zu sammeln, nutze die Erfahrungen von anderen

Ein wahrer Unternehmer achtet nicht auf sein Alter, sondern auf sein Können

Trenne dich von deiner Angestellten-Mentalität

Schritt 4 – Finde eine Branche, die dich reich macht

Erste Gedankengruppe – Was kannst du am besten machen?

Zweite Gedanken-Gruppe – Deine Zielgruppen

Dritte Gedanken-Gruppe – Der Schnittpunkt

Vierte Gedanken-Gruppe – Die Keywords

Fünfte Gedanken-Gruppe – Mindmaps

Dein Produkt ist wichtig, aber der Vertrieb ist noch wichtiger

Übertrage eine Idee und lass sie anpassen

Betrachte Probleme als Chancen deines Erfolgs

Finde Probleme bei dir zu Hause (und entwickle eine Lösung)

Schritt Nummer 5 – Lernen ist der Anfang und das Ende

Erstes Gebot - Du sollst lernen, deine Emotionen zu kontrollieren

Zweites Gebot – Du sollst lernen, dein Geld zu sparen

Drittes Gebot – Du sollst lernen, die Wirtschaftswelt zu verstehen

Viertes Gebot – Du sollst lernen, deine Zeit zu nutzen

Fünftes Gebot – Du sollst lernen, neues Wissen zu studieren und es anzuwenden

Schritt Nummer 6 – Mache aus verschiedenen Plattformen deine beste Bühne

Erstens: Du hast ein Blog

Zweitens: Du hast einen YouTube-Channel

Drittens: Du publizierst deine E-Books auf Kindle

Schritt Nummer 7 – Fange sofort an!

Der letzte Schritt dieses Plans beginnt mit dem ersten Schritt

Dein Brand bist du selbst und dein Business ebenso

Deine emotionale Intelligenz

Die Vollendung des siebten Schritts ist der Anfang deiner Expansion

Bürokratie als notwendiges Übel

Und zum Schluss noch ein weiterer Gedanke ...

Nutze diese Ressourcen!

Über mich

Einführung

Hast du dir schon mal die Frage gestellt, ob du wirklich frei bist? Hast du schon das Gefühl gehabt, in einem Hamsterrad gefangen zu sein? Dieses Gefühl wird von Millionen Menschen, die alle auf der Suche nach Antworten sind, geteilt. Wahrscheinlich gehörst du zu den Menschen, die sich nach dem Wochenende sehnen und es hassen, jeden Montag ganz früh um 06:00 Uhr den schrillenden Ton des verdammten Weckers zu hören, der ankündigt, dass die Woche beginnt und du pünktlich diese Arbeit ausüben musst, die du nicht magst.

Ich schreibe dieses Buch für all diese Menschen, die sich unendlich tief in einem Hamsterrad gefangen fühlen und aus dieser Arbeit, die ihre Freiheit raubt, fliehen möchten. Für all diese Menschen, die einfach ignorieren, dass es Mittel und Wege gibt, aus ihrem Leben etwas Bedeutsames zu machen. Und für all diese Menschen, die einen Plan brauchen, um endlich frei zu sein.

Dieser Plan, den du jetzt vor deinen Augen hast, ist ein Plan, den ich jeden Tag anwende und der mir endlich einen Weg gezeigt hat, wohin die Reise geht. Dieser Plan als Mittel zur Erreichung deiner Freiheit ist allerdings nicht umsonst. Denn alles hat seinen Preis. Das Gute dabei ist, dass sich dieser Preis nicht in Geldeinheiten messen lässt. Viel wichtiger ist, dass der Preis, den du zu zahlen hast, mit deinen Anstrengungen und mit Meditation verbunden ist. Das Einzige, was du brauchst, um diesen Plan in die Tat umzusetzen, ist Disziplin, rationales Denken und der Wille zu lernen. Die Motivation kommt von alleine.

Der 24. November 1999 ist ein Datum, das in meinem Gedächtnis fest hängen geblieben ist. Das war der Tag, an dem meine Füße zum ersten Mal den Boden der Bundesrepublik Deutschland betreten haben. An diesem Tag habe ich sofort verstanden, dass ein langer Weg vor mir stand und durch ein steiniges Labyrinth zu kämpfen hatte. Eines der vielen Hindernisse, die ich überwinden musste, war nicht nur die deutsche Sprache, sondern noch viel mehr das neue Leben, das ich in diesem Land führen wollte. Ich kam mit der Absicht, eine neue Kultur kennenzulernen, die Mentalität in einer fremden Nation zu verstehen, ein Studium zu absolvieren und die Freiheit zu erlangen, von der ich immer geträumt hatte.

Einen kleinen Teil dieses Weges hatte ich schon hinter mir: Ich hatte die deutsche Sprache in kurzer Zeit gelernt und die Aufnahmeprüfung zur Vorbereitung für ein akademisches Studium bestanden. Unzählige kleine Jobs würden mir helfen, meine Rechnungen zu bezahlen und mich somit in dieser Gesellschaft durchzukämpfen. Das Studium der Betriebswirtschaftslehre war allerdings nicht das Schwierigste als Student, sondern meine Einstellung gegenüber meinen Sorgen und Problemen.

Die Einsamkeit als ausländischer Student führte mich manchmal zu einer tiefen Frustration, wenn ich Klausuren nicht bestehen konnte oder mir einige Sachen nicht leisten konnte, weil meine finanziellen Ressourcen einfach begrenzt waren. Doch die Einsamkeit konnte mir auf eine andere Art und Weise helfen, indem sie mich ständig unter hohen Druck setzte und einen Plan von mir verlangte, der mich weiterbringen kann.

Bücher zu lesen war und ist immer eine meiner großen Leidenschaften. Und diese Leidenschaft konnte mir immer weiterhelfen, als ich auf der Suche nach Antworten war. Die Bibliothek unserer Fachhochschule war sehr modern und mit wertvollen Büchern ausgestattet. Ich lieh mir sehr viele spannende Bücher über Finanzen, Buchhaltung, Rechnungswesen, Marketing und Ökonomie, aber auch über Persönlichkeitsentwicklung, welche ich sowohl in der Bibliothek als auch in der Einsamkeit meines kleinen Studentenzimmers lesen konnte.

Diese wertvolle Zeit habe ich voll ausgenutzt, um mein Studium endlich abzuschließen. Mit meinem Diplom in der Tasche machte ich mich auf die Suche nach einem Job, der mich noch weiter in meine neue Gesellschaft integrieren kann. Seitdem habe ich immer nur dasselbe Spiel gespielt, das Millionen von Menschen auf der ganzen Welt seit Generationen spielen: in die Schule gehen, ein gutes Abitur machen, ein Studium oder eine Ausbildung absolvieren und dann eine gute und feste Arbeit ausüben bis zur Rente.

In fast allen Unternehmen und Kleinbetrieben, in denen ich gearbeitet habe, habe ich zahlreiche hochtalentierte Menschen kennengelernt, von denen ich viel gelernt habe. Doch eine ganze Menge von ihnen übte eine Arbeit aus, mit der sie sich gar nicht identifizieren konnte. Und ich gehörte ebenfalls zu dieser Gruppe dazu.

Montag war für die meisten von uns der schlimmste Tag der Woche. Alle freuten sich auf die festen, geregelten Pausen und freuten sich ebenso auf das, was sie für das nächste Wochenende geplant hatten. Die Woche hatte kaum angefangen und schon sehnten sich nach dem Freitag oder zumindest dem Feierabend.

Wenn ich zurückblicke und darüber nachdenke, komme ich zu dem Ergebnis, dass unsere heutige Gesellschaft mit ihrem komplexem System uns einfach dazu bewegt, die wahren Spielregeln dieses Systems systematisch zu ignorieren. Es liegt nicht im Interesse des Systems, so viel über die persönliche

Zukunft nachzudenken, sondern daran, der Gegenwart mit viel Schweiß und Fleiß planmäßig zu assistieren.

Während unsere unkontrollierten Emotionen und unser irrationales Handeln uns ständig dazu bewegen, mehr zu besitzen, fühlen wir uns dazu gezwungen, uns ständig zu verschulden. Unser heißhungriger Appetit nach materiellen Bedürfnissen katapultiert uns in eine tiefe Depression. Unser irrationales Verhalten verwandelt uns in Arbeitstiere, die von Hamsterrad unaufhörlich weiter und immer weiter gedreht werden. Die schöne Zeit, die wir sehr gerne mit unseren Familien, Freunden und Hobbys verbringen möchten, müssen wir für den Abbau unserer Schulden, für die Geschäfte anderer Menschen und für die Zufriedenheit anderer Leute opfern. Wir distanzieren uns somit von den wahren Dingen des Lebens. Alle wollen zufriedengestellt werden: der Chef, der Gläubiger und natürlich das Monstrum System, das sich durch unsere körperliche und geistige Anstrengung und unsere Steuergelder ernährt. Aber der Einzige von allen diesen Akteuren, der nicht zufrieden ist, bist du selbst.

Die schlechte Nachricht dieser Geschichte ist, dass wir Opfer des Systems sind. Die gute Nachricht ist, dass wir die Chance haben, die Entwicklung dieser Situation zu ändern. Heute mehr denn je haben wir die Möglichkeit, unsere eigenen Interessen zu wahren und unsere eigenen Ziele zu erreichen. Mehr als je zuvor in der gesamten Entwicklung der menschlichen Zivilisation stehen uns die Türen offen, um neue Wege zu gehen und neue Träume zu verwirklichen.

Warte bitte nicht bis zur nächsten Woche oder zum nächsten Monat oder nächsten Jahr. Warte nicht, bis du von deinem Chef befördert wirst, denn er will nicht, dass du befördert wirst. Starte jetzt sofort mit diesem Plan, den ich dir gebe, und entfalte

deine eigenen Kräfte, deine Kreativität und deine Fantasie.
Entwirf deinen eigenen Plan, entwickle dein eigenes Business
und begrüße dein neues Leben, denn dieses neue Leben wird
deine neue Realität sein.

Teil I

Eine kleine Analyse der Situation

Warum wir Sklaven des Systems sind

Wenn ich morgens früh in den Bus oder den Zug einsteige, bemerke ich, dass die meisten Menschen unglücklich und ungern zur Arbeit fahren. Ich habe schon diese Unzufriedenheit an den Gesichtern vieler ehemaliger Arbeitskollegen erkannt. Dieser negative emotionale Zustand spiegelt sich wieder und immer wieder im großen Teil der Bevölkerung.

Wir leben in einer modernen Gesellschaft und einer hochentwickelten Zivilisation. Der Vater Staat versucht immer noch mit Hängen und Würgen durch künstliche Maßnahmen Wohlstand herzustellen. Die Menschen, die an den Wohlstand gewöhnt sind, erwarten vom Staat das Nötige, um ein würdiges Leben zu führen. Doch, Wohlstand zu schaffen geht nicht zum Nulltarif. Er wird ständig durch unsere Gelder finanziert. Diejenigen, die etwas produzieren, werden durch die Einführung neuer Gesetzsteuern bestraft, während diejenigen, die nichts produzieren, durch Subventionen und Transferleistungen belohnt.

Das Fernsehen, das Radio, die Werbung auf den Straßen, unsere Verwandten und Freunde und fast alles, was es rund um uns herum gibt, informieren und bombardieren uns mit den schönsten Dingen des Lebens, die es in unserer Konsumgesellschaft gibt. Das neueste Auto, das neueste Smartphone, die neuesten Klamotten, die neuesten Zigarettenmarken, der neueste Energy-Drink, die neuste Uhr und das neueste Angebot über die neuesten Reiseziele in ferne Länder werden mit fantastischen Bildern, hübschen, kerngesunden und glücklichen Menschen präsentiert. Die

Werbung als Teil des Marketings erledigt somit auf korrekte Weise ihre Aufgabe: Menschen verführen.

Menschen verführen und „manipulieren" ist per se nicht schlecht. Letztendlich beeinflusst der Konsum in unserem kapitalistischen System die Entwicklung unserer Gesellschaft maßgeblich. Doch dieses ausgeklügelte und raffinierte Marketingsystem wirkt sich negativ auf uns aus, wenn wir unkontrolliert mit unseren Emotionen spielen. Wir Menschen treffen über 90% bis 95% unserer Kaufentscheidungen nicht auf kognitiver Basis, sondern vielmehr aufgrund unseres irrationalen Verhaltens.

Dieser ganze Apparat, bestehend aus Staat, Regierung, Unternehmen und Menschen, den ich als System bezeichne, hat kein Interesse daran, dass wir uns solide und plausible Gedanken darüber machen, was die beste Alternative ist, wenn es darum geht, eine Kaufentscheidung zu treffen. Genau das Gegenteil: Sie alle wollen – direkt oder indirekt –, dass unser schwer verdientes Geld in die Taschen der anderen fließt. Damit wir das als positiv oder negativ bezeichnen, müssen wir zwei Perspektiven in Betracht ziehen: Es ist selbstverständlich positiv, dass durch den Konsum unseres Geldes andere Wirtschaftsbereiche unterstützt werden, denn jedes Mal, wenn wir konsumieren, landet dieses Geld in den Kassen eines Unternehmens, das es wiederum benutzt, um Investitionen und Zahlungen zu tätigen. Dadurch werden neue Märkte erschlossen, Arbeitsplätze geschaffen und neue Standorte errichtet. Das Negative an der ganzen Sache ist, dass wir uns in fremdgesteuerte und stark manipulierte Konsumenten verwandeln. Die Banken verschenken uns Kreditkarten und vergeben uns, ohne viel über unsere Zahlungsfähigkeit und unser Konsumverhalten zu untersuchen, Darlehen und Kredite. Sobald ein Kreditvertrag zwischen beiden Parteien abgeschlossen wird, wird unser Kreditrahmen sogar auf magische Weise erhöht, damit wir unseren Konsum weitertreiben können.

Es ist ein Riesensystem, das uns andauernd attackiert. Das System behandelt uns wie Reiz-Reaktions-Maschinen. Sobald das System uns den Anreiz gibt, etwas Neues zu erwerben, indem es seine Angebote mit niedrigen Zinsen und angeblichen „Null-Tarifen" hübsch verkleidet, schaltet sich unser Gehirn sofort aus und wir tappen in die Falle. Wie wir sehen, ist es ganz einfach, Menschen mit Zahlen zu motivieren. Wir machen ständig den Fehler, uns Sachen zu kaufen, nur weil sie in Mode sind. Wir nutzen das Geld anderer Menschen, indem wir Kreditverträge abschließen, um uns das neueste Haus oder das neueste Smartphone zu kaufen. Unsere Schulden lassen uns nicht los, weil wir uns ständig in diesem Teufelkreis bewegen. Somit ist es ganz einfach für das System, uns als Sklaven zu behandeln. Das Schlimme daran ist, dass wir sogar dafür bezahlen, als Sklaven behandelt zu werden. Warum? Weil wir die Spielregeln einfach ignorieren. Wir sind leider schlechte Spieler in diesem Spiel und wir sind demzufolge ständig die großen Verlierer.

Doch, so hart und gnadenlos das System mit uns ist, so nachgiebig kann es auch mit uns sein. Das System erkennt und gibt ständig zu, systematisch Sklaverei mit uns zu praktizieren. Das System gibt uns aber die große Chance, die Spielregeln kennenzulernen und sie zu verstehen. Das System erlaubt uns sogar, seinem Spiel anzupassen und Teil seines Erfolges zu sein. Das System mag hart sein, aber zumindest bewilligt es uns, eine Änderung in unserem Leben zu ermöglichen. Und diese große Chance liegt in dem weiten Universum der virtuellen und elektronischen Welt.

In der Schule werden keine politischen und ökonomischen Zusammenhänge unterrichtet

Als ich in der Schule war, haben unsere damaligen Lehrer eine ganze Menge Stoff unterrichtet, der viel mehr zur Entwicklung unserer allgemeinen Bildung beigetragen hat als zur Entwicklung unserer finanziellen Freiheit.

Aber zuerst möchte ich an dieser Stelle definieren, was ich unter „finanzielle Freiheit" verstehe. Wir alle haben nicht nur den Bedarf, uns frei auf unseren Straßen zu bewegen oder die Freiheit zu genießen, unsere Meinung zu äußern und unsere Gedanken zu verbreiten, ohne verfolgt oder weggesperrt zu werden. In den meisten Demokratien der westlichen Welt ist dieses Privileg sogar eine Selbstverständlichkeit.

Wir Menschen möchten uns nicht nur frei bewegen dürfen, wir möchten unsere geliebte Zeit mit dem verbringen, womit wir am meisten Spaß haben. Wir wollen unsere Zeit in unsere Hobbys, unsere Familien und unsere Freizeit investieren. Dieses wertvolle Gefühl empfinden wir leider nicht, da wir unsere Zeit mit dem verbringen, was uns keinen Spaß macht. Millionen von Menschen zerbrechen sich jeden Tag, acht Stunden lang, den Kopf, um die Geschäfte von anderen voranzutreiben und dazu beizutragen, andere Menschen zu bereichern. Millionen von Menschen handeln so aus dem einfachen Grund, Geld zu verdienen, um damit die herkömmlichen Rechnungen zu bezahlen. Finanzielle Freiheit beginnt genau dort, wo unsere täglichen Rechnungen sich durch ein passives Einkommen begleichen lassen, ohne große Anstrengungen vornehmen zu müssen. Finanzielle Freiheit bedeutet, ein voll automatisiertes System zu schaffen, das wie geschmiert arbeitet und unsere aktive Arbeit übernimmt. Wenn wir alle frei werden wollen, müssen wir lernen, die Spielregeln des Systems zu unseren

Gunsten zu nutzen. Finanzielle Freiheit beginnt erstmal im Kopf, was bedeutet, dass wir unsere Welt aus einer ganz anderen Perspektive betrachten müssen. Wenn wir nicht mehr Sklaven des Systems sein möchten, muss unser Geld für uns arbeiten, anstatt wir für unser Geld.

Aber jetzt zurück zu unserem Schulsystem: Das Schulsystem wurde seit Jahrzehnten so konzipiert, dass das Hamsterrad bis zu unserer Rente gedreht wird. Wir lernen alle möglichen Arten von Fächern, die uns in unserem späteren akademischen Leben weiterbringen sollen. Wir lernen viel über Mathematik, Physik, Biologie, Geschichte, Geographie, Grammatik und, und, und. Das sind Schulfächer, die unsere Bildung auf jeden Fall fördern und unseren Intellekt entfalten, dennoch lernen wir nicht, mit Geld umzugehen. Geld ist ein Begriff, den Millionen von Menschen sogar im späteren Alter nicht definieren können.

Die Klassenräume unserer Schulen dienen als Nest des Systems. Mit Geld umzugehen wird leider nicht unterrichtet. Wir Menschen verlassen nach vielen Jahren die Schulen, ohne zu wissen, wie eine Bilanz konstruiert ist oder wie ein Unternehmen funktioniert oder wie ein Unternehmen gegründet wird oder wie Geschäftsideen konzipiert werden. Innovative Ideen und kreative Gedanken werden leider nicht gefördert.

Die Bedeutung von Geld verstehen

Das Wort Kapitalismus ist zu einem Schimpfwort geworden. Und wer sich selbst als Kapitalist bezeichnet, wird im weiten Teil unserer Gesellschaft negativ betrachtet. Was Millionen von Menschen leider in der Schule nicht lernen, ist, dass der Kapitalismus an sich ein System ist, von dem Millionen von Menschen profitieren können. Der Kapitalismus, wie wir ihn kennen, wird meiner Meinung nach in den kommenden hundert Jahren noch weiter existieren. Wir werden in den kommenden hundert Jahren immer noch Rechnungen bezahlen müssen, und dafür benötigen wir Geld.

Geld ist weder schlecht, noch ist es gut. Rein objektiv betrachtet ist Geld einfach etwas Neutrales. Geld ist nur ein Tauschmittel. Damals haben wir aus unseren Äckern ein Kilo Kartoffeln gegen ein Kilo Tomaten und hundert Hähne gegen eine Kuh getauscht. Geld, so wie wir es kennen, wurde weltweit standardisiert und für seine Vereinfachung durch Banknoten und Münzen ersetzt. Heute nutzen wir immer noch Banknoten und Münzen, um unsere Transaktionen zu bezahlen. Wir nutzen Kreditkarten und sogar digitales Geld.

Ganz egal, ob unser Geld physisch oder virtuell verwendet wird, es kommt immer darauf an, was wir mit Geld machen, wie wir mit ihm umgehen und welche Entscheidungen wir mit unserem Geld treffen. Du kannst mit Geld entweder dein Leben in einem Hamsterrad weiterführen oder du kannst mit Geld deine Freiheit erkaufen. Der Mensch, der in einem Hamsterrad gefangen ist, bleibt sein Leben lang Sklave seines Geldes. Denn er muss bis zur Rente und vielleicht auch darüber hinaus noch weiterarbeiten, um sein Leben zu bestreiten, falls er nicht klug genug gewesen ist, den Umgang mit Geld zu erlernen.

Der Mensch, der die Spielregeln des Systems und die Kräfte des Marktes zu seinen Gunsten nutzt, entscheidet sogar schon in seinem früheren Alter, wann er in Rente geht. Derjenige, der die wahre Macht des Geldes versteht, informiert sich schnell darüber, studiert die unterschiedlichen Methoden des Investierens und befreit sich von der Arbeitsstelle, die er hasst.

Einer der großen, durch Geld erzeugten Effekte ist die Herstellung von Schulden. Im Kapitalismus sind Schulden nicht nur eine Konstante, sondern eine Notwendigkeit. Der Erfolg unseres kapitalistischen Systems basiert unter anderem auf der Generierung von Schulden und dem Preis, den man für die Schulden bezahlen muss, nämlich Zinsen.

Zinsen ist ein wichtiger Begriff, den Millionen von Menschen leider ignorieren und sich von der Macht des Systems kontrollieren lassen. Das System hat kein Interesse daran, dass der Mensch sich über die wichtigsten Merkmale des Geldes informiert, ganz im Gegenteil. Das System lebt von der Ignoranz der Menschen, sich nicht über den wahren Wert des Geldes zu erkundigen.

Geld als Instrument des Kapitals macht fast alle Dinge zu Ware, wie zum Beispiel die Natur und deren Ressourcen; aber auch, da wir extrem manipulierbar sind, uns Menschen, macht Geld zum Objekt der Ausbeutung im Namen des Fortschrittes. Menschen, die unkontrollierte Emotionen aufweisen, fallen dem System zum Opfer, verschulden sich immer wieder, ignorieren die zerstörerischen Kräfte des Zinses und bleiben ihr Leben lang im Hamsterrad gefangen.

Märkte werden von Menschen geschaffen, indem alles kaufbar und verkaufbar gemacht wird. Seit der Entstehung des Kapitalismus wurde nicht nur bewiesen, dass Märkte nicht nur wunderbar funktionieren können, sondern ebenfalls, dass

Märkte kollabieren können. Die Ereignisse der letzten Immobilienblasen vom 2008 demonstrieren noch einmal, dass Märkte hoch irrational arbeiten und durch ihre Irrationalität zu katastrophalen Ergebnissen führen können.

Noch einmal: Geld ist etwas ganz Neutrales. Geld wird zu Macht, wenn man weiß, wie man mit Geld umgeht. Und dafür benötigen wir Menschen rationales Denken.

Die Generation Zero: Zero Jobs, Zero Perspektiven

Warum eure Generation (ganz egal, in welchem Alter du bist) eine verlorene Generation sein kann, ist ganz einfach: Du fühlst dich in ein System gesperrt, das dir deine Rechte als freier Mensch weggenommen hat, obwohl du nach Feierabend nach Hause fahren und mit deiner Familie nur ein paar Stunden verbringen kannst. Dieses System, das deine Zeit sogar am Samstag und Sonntag raubt, weil du vielleicht am Wochenende in Schichten arbeiten musst und dadurch die Erziehung deiner Kinder verpasst, macht dich zu einer verlorenen Generation.

Obwohl du eine „sichere" Arbeit hast und ein regelmäßiges Einkommen beziehst, mit dem du deine monatlichen Rechnungen bezahlen kannst, besitzt du immer noch keinen Job und ebenfalls keine Perspektive.

Ich differenziere die Begriffe Job und Arbeit. Job definiere ich als die Tätigkeit, die du in deinem Leben gewählt hast, mit der du dich identifizierst und die du sehr gerne magst. Je nachdem, was du studierst oder gelernt hast, ist dein Job die Verwirklichung deines Könnens. Dein Job ist mehr als ein Beruf. Mit deinem Job motivierst du Menschen, wenn du in deiner Firma deine Mitarbeiter professionell führst. Mit deinem Job heilst du Menschen, wenn du als Arzt kranken Menschen die Hoffnung zum Weiterleben schenkst. Mit deinem Job begeisterst du

Menschen, wenn du ein ausgezeichneter Architekt, ein talentierter Schauspieler, ein hervorragender Sänger oder ein großartiger Musiker bist. In wenigen Worten: Dein Job hat dich bereits befreit. Eine Arbeit dagegen ist in meinen Augen nur eine Tätigkeit, die du ausübst mit dem einzigen Ziel, eine tägliche Aufgabe für eine Firma zu erfüllen und einen Lohn zu bekommen. Deine Arbeit ist nur diese lästige Beschäftigung, die deine Zeit raubt und dich dazu zwingt, jeden Morgen früh aufzustehen, um dort hinzufahren, wohin du überhaupt nicht fahren willst. In wenigen Worten ist Arbeit die Aktivität, die du nicht machen willst und von der du dich befreien willst.

Falls du eine Arbeit hast, verfällst du in eine Perspektive der Bedeutungslosigkeit. Das ist das, was ich Zero Perspektive nenne. Du kannst im Leben gar keine Perspektive haben, wenn du immer noch in dieser Arbeit gefangen bist. Du kannst keine Perspektive bekommen, wenn du täglich eine Funktion ausübst, die dich weder emotional noch finanziell weiterbringt. Perspektiven schaffst du nur, wenn du eine solide Basis hast. Diese Basis kann nur existieren, wenn du von deiner Arbeit zu einem Job wechselst. Das bedeutet in wenigen Worten: Du wechselst vom Angestellten-Status zum Unternehmer-Status.

Es gibt einige Dinge, die du im Leben begreifen musst. Unter anderem musst du akzeptieren, dass es im Kapitalismus nichts Kostenloses gibt und (fast) niemand dir etwas verschenken wird. Es mag wie eine schlechte Nachricht für dich klingen, aber der Wechsel vom Angestellten zum Unternehmer erfordert von dir eine Menge Anstrengung.

Die Generation Zero (Zero Job und Zero Perspektive) ist eine selbstgemachte Generation. Diese Generation entsteht einfach aus der Ignoranz und der Tatsache, dass sie mit finanziellen Fragen nicht vernünftig umgehen kann. Die Generation Zero wird von Generation zu Generation weitergegeben. Warum? Weil eure Eltern und die Eltern eurer Eltern ihr ganzes Leben als Hamster gearbeitet haben. Sie alle haben nie den wahren Wert des Geldes verstanden und demzufolge konnten sie kein besseres Verständnis von Geld haben.

Nur diese Änderung in deiner Mentalität wird dich weiterbringen und dir dabei helfen, deine finanzielle Unabhängigkeit zu erreichen.

Es gibt zwei wichtige Eigenschaften, die jeder gute Unternehmer besitzen soll, wenn er den großen Sprung wagen will: Fleiß und Beharrlichkeit. Wenn du diese Eigenschaften nicht hast und du (hoffentlich nicht) langsam den Mut verlierst und du dich nicht beanspruchen willst und lieber bei deiner Arbeit bleiben willst, dann brauchst du dieses E-Book nicht weiterzulesen. Einfach zuklappen und viel Glück.

Wenn du aber mit etwas Neuem experimentieren willst, dann habe ich für dich zwei sehr gute Nachrichten: Du musst kein Wunderkind sein. Du sollst nicht so genial sein wie Bill Gates oder Steve Jobs oder Mark Zuckerberg. Außer Fleiß und Beharrlichkeit brauchst du nur einen durchschnittlichen IQ.

Die zweite gute Nachricht basiert auf der großen Chance, die das System uns anbietet, von der ich schon oben geschrieben habe. Das System lässt seine Macht unter anderem durch die Verwendung der heutigen elektronischen Welt geltend machen. Das System versklavt uns, aber es erlaubt uns gleichzeitig, die immensen Vorteile der virtuellen Welt zu nutzen. Das bedeutet in diesem Sinne, dass ein großer Teil der Anstrengung, die du unternehmen musst, vom System schon übernommen wurde und du dich nur auf einen auf einen einzigen Punkt konzentrieren musst: deine virtuelle Geschäftsidee.

Es gibt aber einen anderen Weg

Bevor wir in den Plan zur Erzielung deiner finanziellen Freiheit einsteigen, möchte ich dir eine kleine Geschichte erzählen.

Stell dir mal vor, du begegnest einem fünfundzwanzigjährigen Mann, der dir erzählt, dass er in seinem Alter ein paar Ferraris fährt, eine schöne Wohnung in Berlin besitzt und durch Reisen überall auf der Welt zu Hause ist. Er lädt dich zu sich nach Hause ein und du stellst tatsächlich fest, dass er das alles hat, worüber er dir erzählt hat. Luxus pur. Du fragst ihn, wie er das alles geschafft hat. Er erzählt dir, dass er fleißig einen Teil seines Gehalts seit sieben Jahren gespart und in Aktien investiert hat. Dadurch ist er reich geworden.

Du bist klug genug, um nicht an die obere Geschichte zu glauben. Wir alle wissen, dass Menschen, die in jungen Jahren ein Riesenvermögen aufgebaut haben, normalerweise in eine besondere Gruppe der Gesellschaft fallen: Profi-Fußballspieler, Sänger, Schauspieler und andere berühmte Leute.

Für die meisten von uns gelten die traditionellen Ratschläge, die seit unserer Kindheit von unseren Eltern, Lehrern, Professoren und unserem Freundeskreis propagiert werden: Das heißt langsamer Reichtum. Dieser langsame Reichtum geht ungefähr so: Geh zur Schule, schaff dein Abitur, schreibe gute Noten, geh zur Uni oder absolviere eine Lehre oder eine Ausbildung, bewirb dich bei einem renommierten Unternehmen, unterschreibe einen unbefristeten Arbeitsvertrag mit einem angemessenen Gehalt, spare fleißig dein Geld, studiere die Börse, investiere in Aktien und dann eines Tages, wenn du mit siebenundsechzig das Rentenalter erreicht hast und keine Haare auf dem Kopf mehr hast, dann wirst du reich und finanziell frei.

Na dann herzlichen Glückwunsch!

Wenn du aber in jungen Jahren ein Vermögen aufbauen und finanzielle Freiheit erreichen willst, dann musst du das alte Muster des Systems einfach ignorieren und verlassen und einen anderen Weg einschlagen. Ja, es gibt aber einen anderen Weg.

Albert Einstein hat seine berühmte Relativitätstheorie unter anderem durch die besondere Beobachtung von Zeit entwickelt. Zeit ist relativ. Wenn du in jungen Jahren ein Vermögen bilden willst, musst du, genauso wie Einstein, den Faktor Zeit unter die Lupe nehmen.

Du wirst kein schnelles Vermögen aufbauen, wenn du dein *aktives* Einkommen an den Faktor Zeit knüpfst. Um dieses Gedankenspiel besser zu verstehen, hilft ein wenig Mathematik. Wie sieht es normalerweise aus? Du befindest dich immer noch in diesem Angestellten-Status, was bedeutet, dass dein Vermögen aus deinem Gehalt plus ein paar Investitionen besteht. Dein Gehalt oder Lohn ergibt sich aus der Multiplikation von geleisteten Stunden mal Stundenlohn. Dieser Zusammenhang ist der erste Grund, warum kein schneller Reichtum entsteht. Denn deine Zeit ist limitiert bis auf 24 Stunden. Bei der zweiten Variablen, nämlich deiner Investition, sieht es etwa ähnlich aus. Investitionen sind in diesem Sinne Aktien oder Fonds oder ETFs. Investitionen sind ebenfalls mit der Zeit verbunden. Die Summe deiner Investitionen ergibt sich aus der Multiplikation von Jahren mal jährlichen Renditen. Die sogenannten Finanzberater oder Finanzexperten der Finanzbranche sind nur geschulte Verkäufer. Sie wollen dir die Illusion verkaufen, dass sich nach einem definierten Zeitraum von zum Beispiel dreißig oder vierzig Jahren ein paar Millionen Euro verdienen lassen können. Voraussetzung dafür ist, dass du eine beträchtliche Summe bei einer jährlichen Rendite von, sagen wir mal, 12% anlegen sollst. Was sie dir aber natürlich nicht erzählen, ist, dass du nicht jedes Jahr 12% erzielen wirst und dass du möglicherweise in dreißig oder vierzig Jahren schon tot oder auf die Hilfe einer Altenpflegerin angewiesen bist.

Wie du siehst, lassen sich diese Variablen (Gehalt und Investitionen) aber sehr schwer kontrollieren. Fangen wir mit dem Gehalt an: Geh bitte morgen zu deinem Chef und frage ihn nach einer Gehaltserhöhung von etwa fünfhundert Prozent. Dein Gesicht will ich aber gerne sehen. Schauen wir uns die zweite Variable an: Geh bitte zu den Dax-Konzernen und verlang zweitausend Prozent mehr Rendite. Wäre das überhaupt möglich?

Da sowohl dein Gehalt als auch deine Investitionen an Zeit geknüpft sind und du die Variablen nicht kontrollieren kannst, kannst du auf diesen Weg keinen schnellen Reichtum aufbauen. Wir brauchen eine zweite Strategie.

Andere Menschen haben einen anderen Weg genommen. Ein brillanter Erfinder verkauft seine Erfindung in kurzer Zeit tausende über tausende Male. Eine innovative App wird in Stunden tausendmal jeden Tag für nur neunundneunzig Cent heruntergeladen. Oder ein fantasievoller Schriftsteller schreibt einen Bestseller, der ebenfalls tausende von Menschen auf der ganzen Welt begeistert. Sie alle werden schnell Millionäre.

Das Besondere bei dieser Methode des schnellen Reichtums ist, dass der Faktor Zeit diesmal mit *passivem* Einkommen verknüpft ist. Das bedeutet, dass sich in unserer Gleichung der Faktor Gewinn ganz anders bestimmen lässt, nämlich indem man die Anzahl der verkauften Produkte mit dem Gewinn je Produkt multipliziert.

Dafür ein Beispiel: Wenn du ein E-Book auf deiner Webseite für 2,99 Euro verkaufst und zehntausend Besucher pro Monat auf deiner Internetseite hast, von denen fünf Prozent dein E-Book kaufen, dann hättest du fünfhundert Verkäufe mal 2,99 Euro gleich 1495 Euro pro Monat. Das wäre nicht schlecht für einen durchschnittlichen Bürger, der im Durchschnitt vielleicht fast 2000 Euro bei aktiver Arbeit monatlich verdient.

Aber was macht dich wirklich reich? Richtig Geld verdienen kannst du, indem du die Variablen kontrollierst und dein Portfolio diversifizierst.

Erste Möglichkeit: die Conversion Rate beeinflussen. Das bedeutet, dass anstatt fünf Prozent acht Prozent der Besucher auf deiner Webseite dein E-Book kaufen. Wie du bestimmt schon bemerkt hast, ändert sich die Gleichung automatisch. Acht Prozent potenzieller Käufer von zehntausend Besuchern machen insgesamt achthundert Verkäufe. Diese kleine Änderung führt somit zu einer Erhöhung des Gewinns von 1495 Euro auf 2392 Euro pro Monat.

Zweite Möglichkeit: die Anzahl der Besucher auf deiner Webseite massiv steigern lassen. Anstatt zehntausend Besuchern bekommst du zwanzigtausend Besucher. Bei einer Kaufrate von acht Prozent führt diese Änderung direkt zu 1600 Verkäufen, die sich wiederum mit 2,99 Euro multiplizieren lassen. Ergebnis: 4784 Euro pro Monat.

Dritte Möglichkeit: den Preis deines eBooks erhöhen. Was wäre in unserem Beispiel, wenn du den Preis deines eBooks von 2,99 Euro auf 4,99 Euro erhöhst? Unsere Gleichung ergibt folgendes Ergebnis: Bei einer Besucherzahl von zwanzigtausend pro Monat, einer Kaufrate von acht Prozent und einem Verkaufspreis von 4,99 Euro ergibt sich ein Umsatz in Höhe von 7984 Euro pro Monat.

Wie du siehst, führen kleine Änderungen an den Variablen zu fantastischen Ergebnissen. Du bist nicht mehr abhängig vom

Faktor Zeit, sondern von deiner Taktik, die perfekte Strategie zu finden.

Und was wäre, wenn du dieses selbe Prinzip einfach bei mehreren ähnlichen Produkten diversifizierst? Vielleicht hast du nicht nur ein einziges eBook, sondern drei oder vier oder fünf eBooks, die du entweder auf deiner Webseite oder mehreren Webseiten anbietest? Wie wäre es, wenn du dich mit ein bisschen Anstrengung auf ein paar deiner Hobbys spezialisierst und unterschiedliche digitale Produkte anbietest?

Im Vergleich zu der klassischen Variante, bei der du dich einmal im Jahr von deinem Chef bei einer Gehaltserhöhung demütigen lässt, ist diese zweite Alternative der bessere Weg.

Teil II

Der Plan

Jedes Mal, wenn wir bei der Durchführung einer Aufgabe sind, müssen wir bestimmte Schritte durchlaufen, um zum Ziel zu gelangen. Das können wir zum Beispiel bei der Vorbereitung eines leckeren Salats in unserer Küche, beim Training einer Sportdisziplin, bei der Lösung einer Mathe-Aufgabe oder bei der Bekämpfung einer Krankheit. Wir alle brauchen ein Rezept.

Ein Rezept ist nicht anders als der Plan, der uns zum Ziel führen wird. Aber ganz wichtig bei der Ausführung dieses Plans ist, dass wir uns auf jeden einzelnen Schritt konzentrieren müssen. Bei der Durchführung des Plans musst du einfach mit Disziplin deine Aufmerksamkeit auf dieses Programm richten. Sonst wird der Plan nicht funktionieren und dein Erfolg wird nur in deinen Träumen stecken bleiben.

Es geht los!

Der erste Schritt – Der Selbst-Check

Der erste, allerwichtigste Schritt, den du machen musst, ist, zu erkennen, dass du ein Insasse im Gefängnis des Systems bist. Es ist wie eine Strafanstalt, in die du jeden Tag unbewusst und freiwillig gehst und in der du dich den Kräften des Systems unterwirfst. Du lässt dich dort inhaftieren und akzeptierst täglich, dass das Leben einfach so sein muss, weil deine Eltern und die Eltern deiner Eltern ebenfalls Häftlinge dieser Gefangenschaft waren.

Dieses Gefängnis, von dem ich dir erzähle, ist stark mit deiner sozialen Konditionierung verbunden, von der du dich befreien solltest. Die meisten Menschen leben ihr Leben lang in dieser

Gefangenschaft, weil sie sozial konditioniert sind und sich nicht fragen, ob es vielleicht doch sinnvoll ist, diese ganze Situation in Frage zu stellen.

Bei diesem ersten Schritt sollst du unbedingt analysieren, wie deine Welt sich um dich herum gebildet hat. Es reicht ganz einfach, das Leben deiner Eltern, die Lehre deiner Lehrer und vor allem die Botschaften der Medien zu betrachten. All diese Faktoren haben dir immer wieder vorgeschrieben, wonach du streben, was du studieren, wie viel Geld du verdienen und für wen du arbeiten sollst. Diese Faktoren haben dich ebenfalls seit Beginn deines Lebens unterrichtet, wie du denken, was du nicht erreichen, was du nicht schaffen und woran du glauben sollst. Das ist eine Mentalität, die dich sozial programmiert und dein ganzes Leben prägt.

All diese Aspekte machen dich zum braven Schäfchen des Systems und sorgen dafür, dass du nicht die Herde verlässt. Es ist schon Zeit, aufzuhören, mit der Herde mitzugehen.

Erkenne bitte ebenfalls, dass dieses Gefängnis, in dem du lebst, auch deine Komfortzone ist. Die Verlierer des Systems sind unter anderem diejenigen, die ohne Anstrengungen etwas schaffen oder erreichen wollen. So eine Welt zu konstruieren ist einfach unmöglich. Oben habe ich dir bereits kurz erzählt, dass alles Wertvolle, was du schaffen willst, seinen Preis hat. Es ist genauso wie bei einer Party, auf der du ein hübsches, attraktives Mädel siehst, das du sehr gerne ansprechen willst, dich aber nicht traust, weil du einfach Angst hast. Dir ist es lieber, in deiner Komfortzone stecken zu bleiben und von einem schönen Abend mit diesem Mädel weiter zu träumen. Kein Mensch ist an Unbequemlichkeit gestorben. Genau dort, wo Unbequemlichkeit beginnt, beginnt für dich dein Weg zum Erfolg.

Deine Komfortzone ist somit tödlich. Deine Komfortzone besteht aus deinen täglichen Routinen: jeden Tag ganz früh aufstehen, zur Arbeit fahren, nach Hause zurückkehren, Zeit beim Einkaufen verlieren, zwei oder drei Stunden fernsehen und dann ins Bett gehen, damit du einen Tag danach wieder frisch ins Hamsterrad einsteigst. Und so machst du weiter – fünfzig Jahre lang.

Dennoch erlebst du manchmal (sehr) kurze Momente in deinem Leben, die dir erlauben, aus dem Fenster von deinem Gefängnis herauszuschauen und sogar vorübergehend über die Mauer deiner Komfortzelle zu springen, wenn du zum Beispiel in den Urlaub fährst und dir eine Auszeit gönnst. In solchen Momenten hast du die Möglichkeit, die Freiheit zu sehen, zu schmecken und zu riechen. Leider sind solche Momente nur kurz. Du als treuer Diener des Systems kehrst in deine Zelle zurück, weil das System dich glauben macht, dass dieses Leben das Richtige für dich ist.

Sobald du wieder als braver, niedlicher Hamster in dein Rad springst, umringen dich eine ganze Menge von Gängen, Treppen und Ebenen, die es dir erschweren, aus der Zelle herauszukommen. In diesem Gefängnis findest du ebenso Wächter, die dafür sorgen, dass du aus dem Gefängnis des Systems nicht ausbrichst.

Diese Wächter haben drei Namen:

- deine Ängste
- deine Zweifel und
- deine limitierenden Glaubenssätze

Wie fast alle Schritte, die wir im Leben machen, ist der erste vielleicht der schwierigste von allen. Dieser erste Schritt der Erkenntnis soll dir dabei helfen, deine Routinen zu vergessen und Aufgaben zu machen, die für dein Leben aufregend sind. Du sollst anfangen, dir Gedanken zu machen über die Dinge, die dich wirklich glücklich machen und dich sowohl emotional als auch finanziell weiterbringen.

Du musst bei diesem ersten Schritt Sachen aufschreiben, die dich anstrengen, mental fordern und dich zum Schwitzen bringen. Das ist der Moment, in dem du langsam deine Komfortzone verlässt und ein neues Leben für dich beginnt.

Den ersten Schritt der Erkenntnis, dass du ein gefangener Hamster bist, ergänzt du, indem du die Wächter, die in deinem Kopf fest gefesselt sind und verhindern, dass du das Gefängnis des Systems und deine Komfortzone verlässt, konsequent bekämpfst.

Deine Ängste und Zweifel besiegst du, indem du beginnst, mehr an dich zu glauben, und aufhörst, an das zu glauben, was andere Menschen dir immer gesagt haben, was gut und was schlecht für dich ist.

Deine limitierenden Glaubenssätze

Wenn du ein Mensch bist, dessen Lebenseinstellung dieselbe wie die von Millionen anderer Menschen gewesen ist, die in der Komfortzone bequem leben und sich weigern, aus der Zelle auszubrechen, dann warst du wohl ein weiteres Opfer des Systems. Dieser Glaubenssatz wird dich dein Leben lang, leider bis zum Ende, begleiten und du wirst es bereuen, sobald du aufwachst und schon ein alter Mensch bist. Glaubenssätze sind somit deine Denkweisen und Einstellungen, von deren Richtigkeit du überzeugt bist.

Wenn dieser Glaubenssatz dich daran verhindert, dass sich dein volles Potenzial entfaltet, dann bist du Opfer eines limitierenden Glaubenssatzes, den du ebenfalls bekämpfen musst.

Einer der Glaubenssätze, die absolut tödlich für dein Leben sind, ist zum Beispiel der, daran zu glauben, dass du *nicht genug bist*. Das bedeutet, *du bist nicht klug genug, du bist nicht schlau genug, du bist nicht schön genug, du bist nicht gebildet genug, du bist nicht sportlich genug*. Der Ursprung dieses limitierenden Glaubenssatzes ist der Mangel an Selbstvertrauen.

Ein anderer Glaubenssatz, der deinen Lebenserfolg kaputtmacht, besteht darin, das für wichtig zu halten, was andere von dir denken. Es geht dich überhaupt nicht an, was andere Menschen über dich denken. Es zählt nur, was du über dich selbst denkst.

Ein weiterer Glaubenssatz, der die Entfaltung deines Potenzials erschwert, ist, daran zu glauben, dass du zu alt bist. Ständig höre ich von Menschen, die nicht einmal vierzig oder fünfzig Jahre alt sind und erkennen, dass sie Sklave des Systems sind, sich aber weigern, eine neue Phase der Selbstverwirklichung zu beginnen, weil sie sich zu alt dafür fühlen. Ich sage dazu: Bullshit! Nie soll es zu spät sein, sich von der Gefangenschaft des Systems zu befreien, und nie ist man zu alt, seinen eigenen Weg zu gehen.

Ein Klassiker der limitierenden und tödlichen Glaubensätze ist, daran zu glauben, dass du scheitern kannst. Diese negative, hochgiftige Einstellung wird durch die Meinung anderer Hamster genährt, die nicht an dich glauben und ebenfalls sozial konditioniert sind. Du wirst überhaupt nie erfahren, ob du wirklich scheitern oder Erfolg haben wirst, wenn du dich nicht entscheidest, den ersten Schritt zu wagen. Habe keine Angst, von anderen blamiert zu werden. Selbst wenn du am Anfang die erwünschten Ergebnisse nicht erzielst, dann wirst du wissen, dass für die Erreichung deines Ziels dieser Weg nicht der richtige war.

Wenn du glaubst, alles ausprobiert und versucht zu haben, ohne die erwarteten Ergebnisse erreicht zu haben, und entscheidest, das Handtuch zu werfen, dann ist diese Einstellung ebenfalls ein limitierender Glaubenssatz. Selbst wenn du vieles versucht hast, versichere ich dir, dass es noch tausende Wege gibt, deine Ziele zu erreichen. Dieser unbequeme Moment soll dich dazu zwingen, kreativer und innovativer zu handeln.

Ich habe keine Zeit. Wie oft habe ich diesen Satz gehört. Menschen, die daran glauben, wirklich keine Zeit für ihre Ziele zu haben, sind Menschen, die einfach faul und bequem sind. Du als rationaler Mensch, der sich von der Gefangenschaft des Systems befreien will, organisierst deine Zeit anders.

Liebst du das, was du tust, oder tust du es, weil du es musst?

Wie sieht es bei dir aus, jeden Morgen, wenn der Wecker klingelt? Springst du mit Begeisterung aus deinem Bett, weil ein neuer Tag in deinem Büro oder in deinem Arbeitsplatz beginnt? Freust du dich auf deine nette Kollegen und fühlst dich gut, weil dein Chef nicht nur ein netter Typ ist, sondern ein Mensch, von dem du eine ganze Menge Dinge lernst? Oder sind all diese Faktoren genau das Gegenteil von Begeisterung und viel mehr ein Synonym für Frustration? An dieser Stelle sollst du wieder überlegen, ob du eine Arbeit hast oder einen Job besitzt.

Wie nutzt du denn dein Potenzial?

Hast du dir schon mal die Frage gestellt, welches Potenzial du tatsächlich hast? Hast du schon daran gedacht, was du wirklich der Welt anzubieten hast? Ich muss dich an dieser Stelle daran erinnern, dass du nur das verdienen wirst, was du der Welt zu bieten hast. Jeder einzelne Mensch ist mit bestimmten Fähigkeiten geboren. Manche Menschen können zum Beispiel komplexe Mathe-Aufgaben besonders gut und schnell lösen. Andere Menschen sind in der Lage, statistische Analysen besonders gut durchzuführen. Wieder andere Menschen können allein mit ihrer fantastischen Stimme ganze Stadien füllen.

Nur Menschen, die ihr volles Potenzial nutzen, befreien sich aus dem Gefängnis des Systems. Das Erkennen deines Potenzials ist ebenfalls Teil des ersten Schrittes. Wie schade wäre es, wenn du ein hervorragender Schriftsteller wärst, aber dein Leben lang als Verkäufer arbeiten würdest, nur weil du Opfer deiner limitierenden Glaubenssätze bist.

Schreibe dir sofort alle Fähigkeiten auf, von denen du glaubst, dass du besonders darin gut bist und an denen du dein wahres Potenzial erkennst. Diese Übung wird dir dabei helfen, den Job deines Lebens zu finden. Denke immer daran, dass dein Job nicht deine Arbeit ist. Dein Job ist eine Art Hobby, das du liebst und von dem du lebst.

Wenn du nur deine eigene Karriere verfolgst und daraus ein eigenes Business konzipierst, wirst du in den meisten Fällen deine Komfortzone verlassen haben, weil du dadurch ein eigenes System entwickelt und umgesetzt hast, das ein passives Einkommen generiert, das du dein Leben lang bestreiten wird.

Nachdem du alle deine Skills auf einem Stück Papier notiert hast, überlege ganz genau, wie du aus deinen Fähigkeiten ein Business kreieren kannst. Frage dich, wie viele Menschen du mit deinem Können ansprechen kannst. Frage dich ebenfalls, wie du das Leben anderer Menschen mit deinem Job verbessern kannst.

Da draußen warten tausende von tausenden von Menschen auf Hilfe. All diese Menschen könnten deine Kunden werden, wenn du aus deinem Business ein gutes Produkt anbietest. Keiner wird dir vorschreiben, wie du deinen Job machen musst. Das ist ein großer Unterschied zwischen dem Angestellten-Status und dem Unternehmer-Status.

Handle jetzt und sei kein Jammerlappen!

Dieser erste Schritt besteht aus Meditation und Reflexion. Er soll dir helfen, alle Gedanken, Lebenseinstellungen und veralteten Glaubenssätze auszuschalten. Viel mehr soll dir dieser erste Schritt dabei helfen, deine gegenwärtige Situation stark in Frage zu stellen.

Jetzt handeln heißt, dir sofort aufzuschreiben, warum du tust, was du bisher gemacht hast, und wohin du weiter reisen willst. Handeln bedeutet auch, dir Gedanken und Ideen aufzuschreiben, aus denen du ein Business erschaffen kannst. Dein neues Business wird demzufolge nicht deine Arbeit, sondern dein Job sein, der mit deinen Skills anderen Menschen helfen wird.

Vergiss nicht, dass du der Schöpfer deines Lebens bist und dass du das Ergebnis deiner Entscheidungen bist. Deshalb nimm die volle Verantwortung in deine Hände und erwarte nicht, dass jemand dir bei dem Aufbau deines neuen Lebens helfen wird. Du trägst die alleinige Verantwortung und nur du bist rational genug, deine eigenen Entscheidungen zu treffen.

Wenn du ganz nach oben klettern willst, sollst du auch verstehen, dass es oben keinen Platz für Jammerlappen gibt. Das bedeutet, wenn du deine Ziele erreichen, deine Träume verwirklichen und deine Vision kristallisiert sehen willst, das heißt, wenn du nicht ein reaktives, sondern ein proaktives Leben führen willst, dann höre bitte sofort auf zu jammern.

Als du ein kleines Kind warst – ich kann es mir zumindest gut vorstellen – hast du gemeckert und bestimmt auch theatralisch geweint, weil du deine Lieblingsschokolade von Mama nicht bekommen hast. Das ist Jammern. Bei Kindern ist das vollkommen normal, denn sie können sich noch nicht gut artikulieren oder plausibel argumentieren. Bei dir als erwachsenem Menschen ist es ganz anders. Nach deinem achtzehnten Lebensjahr brauchst du dieses Jammern nicht mehr. Denn wenn du jammerst, willst du erreichen, dass irgendjemand anderes oder irgendeine Institution dein Problem für dich löst.

Wenn du nur am Jammern bist und keine hundertprozentige Verantwortung in deine Hände nimmst, dann sollst du dich nicht wundern, dass du keinen Erfolg im Leben haben wirst. Durchs Jammern wirst du keinen Wert schaffen, nur sinnlose Tränen.

Ein Grund, warum erfolgreiche Menschen nicht jammern, ist, dass sie einfach keine Zeit dafür haben.

Diesen ersten Schritt der Reflexion sollst du nutzen, um dich zu fragen, warum du an einem bestimmten Punkt in deinem Leben nicht vorankommst. Du sollst das Problem in dir selbst sehen und nicht als Ergebnis einer falschen Regierungspolitik. Das würde bedeuten, dass du die Schuld anderen zuschieben würdest, was selbstverständlich falsch wäre.

Wenn du bereits bis zu dieser Seite gekommen bist und dir alle wichtigen Fähigkeiten aufgeschrieben und dir die ersten Gedanken bezüglich deines künftigen Business gemacht hast, dann musst du dir selbst gratulieren, weil du solche schwierigen Fragen beantwortet hast. Das nächste Kapitel wird noch interessanter.

Der zweite Schritt – Erschaffe eine neue Welt

Alle Menschen, die sich entschieden haben, die Komfortzone zu verlassen und aus dem Gefängnis des Systems auszubrechen, stehen vor einer Riesenherausforderung. Dennoch: Den ersten

Schritt hast du bereits gemacht und du warst sogar in der Lage, sehr viele verschiedene schwierige Fragen zu beantworten.

Du befindest dich schon auf dem Weg zur finanziellen Freiheit und ab jetzt wird dich nichts und niemand daran hindern, endlich deine Vision zu verwirklichen.

Ab jetzt besteht deine Aufgabe darin, eine neue Welt für dich zu erschaffen. Du sollst dich langsam daran gewöhnen, dass diese neue Welt deine neue Realität sein wird. Um deine neue Welt zu kreieren, sollst du an Ziele denken, von denen du immer geträumt hattest. Du darfst selbstverständlich deine Fantasie entfalten, aber auf jeden Fall darfst du nicht vergessen, dass deine Ziele auch realistisch sein sollen.

Du hast bisher in einer verkapselten Welt gelebt, die nur aus Routinen bestanden hat. Nun hast du eine andere Option entdeckt, die dir erlaubt, das Leben aus einer anderen Perspektive zu betrachten.

Welche Welt wünschst du dir? Von welchen Träumen hast du immer geträumt?

Befreie dich von der Abhängigkeit des Geldes!

Geld ist immer eine Konstante in unserer kapitalistischen Welt gewesen. Menschen, die den starken Kräften des Systems unterworfen sind, denken andauernd nicht nur an zukünftige finanzielle Mittel, sondern auch an ihre gegenwärtige finanzielle Situation. Du hast bestimmt auch Situationen erlebt, in denen Geld eine signifikante Rolle gespielt hat. Es muss nicht unbedingt sein, dass die Zukunft deines Lebens von Geld abhängig ist. Dennoch werden viele Sachen, die unser Leben viel bequemer, lebendiger und erfolgreicher machen, in unserer Gesellschaft mit Geld erreicht.

Um nur einige Beispiele zu nennen: Wenn du Kinder hast, möchtest du deinen Kindern die besten Bedingungen anbieten, unter denen sie ihre Persönlichkeit und Talente am besten entwickeln können. Das können zum Beispiel Privatschulen und Privatunis sein, bei denen das Bildungsniveau hoch ist.

Du willst dich nicht nur von billigen und stark industriell verarbeiteten Lebensmitteln aus Discountern ernähren, sondern du möchtest deine Gesundheit pflegen, indem du hochwertige natürliche Produkte konsumierst, die mehr kosten als konventionelle Lebensmittel.

Du willst vielleicht nicht nur in einer WG mit anderen Leuten oder einer kleinen Wohnung am Stadtrand oder in einem Armenviertel oder überhaupt in einem Ort wohnen, an dem es dir nicht mehr gefällt, und stattdessen möchtest du sehr gerne endlich in diesen Ort oder Bezirk ziehen, von dem du so lange geträumt hast.

Du willst endlich deine Hobbys erleben und dir diesen teueren Computer kaufen, den du dir in Fachzeitschriften oder an Schaufenstern bei einem Einkaufszentrum immer anschaust.

Du willst dieses und du willst jenes, aber sehr oft ist so gewesen, dass du einfach gesagt hast: *Das kann ich mir nicht leisten.* Dieser Satz, den ich oft höre, ist ein limitierender und tödlicher Glaubenssatz. Denn, solange man so denkt, wird das Gehirn einfach abgeschaltet und du als Mensch kommst einfach nicht weiter. Viel wichtiger ist es, dir die Frage zu stellen: *Was soll ich machen, damit ich mir das leisten kann?* Diese einfache Frage motiviert dich und zwingt dich, alles zu unternehmen, um dir das zu leisten, von dem du so lange geträumt hast.

Nimm einen Stift und ein Blatt Papier und schreibe dir sofort auf, was du sehr gerne haben willst. Mach dir eine Liste und stelle Prioritäten auf.

Befreie dich von der Abhängigkeit der Zeit!

Stelle dir mal vor, dass dein Wecker nicht mehr dieses Gerät ist, das diesen lästigen Lärm jeden Morgen um sechs Uhr macht, weil du pünktlich an deinem Arbeitsplatz sein musst. Stelle dir weiterhin vor, dass du keinen Arbeitsvertrag mit einer vierzigstündigen Arbeitszeit mehr hast.

Wie wäre es, wenn du nicht mehr von der Macht der Zeit kontrolliert werden würdest, sondern wenn du kontrollierst, wann die beste Zeit für dich ist, deinen Job auszuüben? Diese Abhängigkeit der Zeit raubt systematisch deine Freiheit und steuert gezielt dein Verhalten.

Wenn du in diesem zweiten Schritt deine Welt erschaffen willst, dann musst du dir eine Welt vorstellen, in der du dir all das, was du immer machen wolltest, ermöglichen wirst.

Um deine neue Welt weiterzudesignen, brauchst du wieder einen Stift und ein Blatt Papier. Vielleicht willst du deine Zeit viel lieber mit deiner Familie verbringen? Möchtest du nicht mehr acht sinnlose Stunden jeden Tag an einem Computer sitzen und lieber diese Zeit in Fitness und Sport investieren? Oder vielleicht setzt du mehr Wert auf eine schöne Lektüre, ein neues Hobby, das dich anregt oder du möchtest eine neue Sprache erlernen? Ab sofort wirst du deine Zeit sinnvoll nutzen. Sinnvoll heißt nicht nur deine Zeit produktiv zu nutzen, in deiner neuen Welt bedeutet sinnvoll auch deine Zeit mit oberflächlichen Dingen, wie zum Beispiel zocken oder Partys feiern, zu verbringen.

Welche Aktivitäten möchtest du gerne in deiner Zeit verbringen? Schreibe es dir auf!

Befreie dich von der Abhängigkeit der Örtlichkeit!

Dieser physische Ort namens Arbeitsplatz ist momentan nicht mehr und nicht weniger als der Standort, an den du täglich gehst und an dem du stundenlang bleibst. Dein sogenannter Arbeitsplatz ist nur ein Ort, den du freiwillig gewählt hast. Auf mysteriöse Weise hast du allein entschieden, diesen Ort zu besetzen, den du nicht magst.

Wenn du schon an diesem zweiten Schritt angekommen bist und wenn du diesen Plan konsequent umsetzt, dann bedeutet das, dass du dich für den anderen Weg entschieden hast, bei dem die Örtlichkeit keine Rolle mehr spielt.

Deine Fantasie wird an dieser Stelle wieder gefragt: Stelle dir mal vor, dass dein sogenannter Arbeitsplatz nicht mehr dieser hässliche Ort, an dem du jeden Morgen pünktlich sein musst, sondern dein Zuhause ist. Und dein Zuhause ist an dieser Stelle der Ort, an dem du dich wohl fühlst. In deinem Zuhause übst du deinen Job aus und nicht eine Arbeit. Bei einer Arbeit wirst du ständig von mehreren Augen beobachtet, die dich kontrollieren, ob du alles richtig machst.

Lästige Chefs oder nervige Kollegen dringen in deine Ruhe ein und nutzen dich aus, sodass du mit deiner Arbeit dazu beiträgst, andere zu bereichern.

Was du aber bisher ignoriert hast, ist, dass dieser Ort heute nicht mehr notwendig sein muss. Die gegenwärtige digitale Welt bietet heute mit ihrer Technologie mehr denn je die besten Voraussetzungen, damit du selbst entscheiden kannst, an welchem Ort du am besten und am liebsten deinen Job machen kannst.

Verliere nicht deine Zeit und schreibe dir auf, an welchen Orten du deinen Job machen möchtest.

Wie du schon gesehen hast, benötigst du, um die Welt zu verändern, zuerst gar keine großen Dinge. Was du brauchst, ist nur ein Stift, ein Blatt Papier und deine Vorstellungskraft.

Befreie dich jetzt sofort von allen diesen Faktoren, die dich versklaven und dich in einen Hamster verwandeln, damit du die Geschäfte von anderen machen musst.

Dieser zweiter Schritt soll dir dabei helfen, das Design deiner neuen Welt zu entwerfen, von der du immer geträumt hast, und ebenfalls, dein Leben als Angestellter zu verlassen, der sich ständig von äußeren Kräften, wie zum Beispiel Wirtschaftskrisen, Outsourcing oder Restrukturierung, bedroht sieht. Wie bereits besprochen, hat das System überhaupt kein Interesse daran, dass du dich wohlfühlst. Das System experimentiert mit dir als kleinem Hamster und entscheidet, wie du dein Leben als Angestellter leben sollst.

Fange sofort an!

Dritter Schritt – Entwickle eine unternehmerische Mentalität

Sobald du in die Schule gehst, siehst du dich mit akademischen Fächern konfrontiert, die im späteren akademischen Leben weiterstudierst. Klassiker solcher Schulfächer sind zum Beispiel Mathematik, Physik, Biologie, Geschichte, Geographie oder Grammatik. Du verlässt die Schule und sofort musst du dir Gedanken über eine Ausbildung machen. Die Kräfte des Systems wollen, dass du ein braves Schäfchen wirst oder besser gesagt, als Hamster in dein Hamsterrad einsteigst und es so viel drehst, wie es möglich ist. Am besten bis zum Rentenalter.

In der Schule lernst du nicht, wie du innovativ sein kannst. Du lernst auch nicht, die Probleme des täglichen Lebens zu identifizieren, deren Lösungen in wunderbare Geschäftsideen umgesetzt werden können. Fächer wie zum Beispiel Buchhaltung oder Rechnungswesen werden nicht einmal angesprochen, weil es einfach keinen Lehrer gibt, der sie unterrichten kann. Das Thema Finanzen, Geld, Aufstellung einer Haushaltskostenübersicht bekommst du so gut wie nie zu hören und wie die Börse funktioniert oder was Aktien sind oder wie du damit Geld verdienen kannst und weitere Investitionsmöglichkeiten sind einfach tabu.

Das bedeutet, dass du sozial programmiert wirst. Deine Eltern fragen dich, was du studieren willst, und raten dir, dich in der Uni oder Ausbildungseinrichtung anzustrengen, um die besten Noten zu erreichen, weil du nur so in einer Firma arbeiten kannst, die dir die besten Entwicklungsmöglichkeiten, Sozialleistungen und viele Urlaubstage anbieten kann. Hauptsache, du hast eine Arbeitstelle und Hauptsache, du kannst damit deine täglichen und monatlichen Rechnungen bezahlen. Ob dir diese Tätigkeit Spaß macht, spielt zumindest im ersten Augenblick keine Rolle.

In wenigen Worten: Du lernst nicht für dein Leben, sondern für das Leben von anderen. Du lernst, dich auf die Geschäfte von anderen zu konzentrieren statt auf deine eigenen Geschäfte. Irgendwann wirst du bemerken, dass das System dich manipuliert und das Beste von dir verlangt, damit du das Hamsterrad noch schneller drehst. Es sei denn, du hast für einen Job studiert, der dich glücklich macht.

Aber solange du langsam dieses Gefühl entwickelst, ein gefangener Hamster in einem Hamsterrad zu sein, solltest du sofort die Augen aufmachen und merken, dass dein eigenes Business dein Leben befreien wird.

Du bist jetzt auf eine weitere Stufe geklettert und du hast bereits wichtige Fragen deines Lebens beantwortet und sogar das Design deiner neuen Welt auf einem Blatt Papier dargestellt. Wie verrückt oder wie realistisch diese neue Welt aussehen wird und wie du diese neue Welt in die Realität umsetzen wirst, hängt von deiner Konzentration, deiner Disziplin und maßgeblich deinen positiven Mindsets ab.

Du sollst das System nicht bekämpfen, du sollst einfach zurückschlagen. Du schlägst das System ab sofort zurück, indem du deine Angestellten-Mentalität in eine Unternehmer-Mentalität umwandelst.

Oben habe ich bereits erzählt, dass, je strenger das System mit uns sein kann, es desto gefälliger mit uns umgehen kann. Das System bietet uns heute mehr denn je die besten technischen Voraussetzungen, damit wir uns von ihm befreien können, solange wir die Spielregeln verstehen und so die besseren Spieler sein können. Das bedeutet, wir spielen nicht gegen das System, sondern wir spielen mit dem System mit.

Nutze die Kräfte des Systems

Um ein Business zu starten, sollst du erstmal erkennen, dass die Rahmenbedingungen nicht so schwer sind, wie du vielleicht bisher geglaubt hast. Die Voraussetzungen, die du vor deiner Nase hast, zu erkennen, ist der erste Schritt in Richtung finanzielle Freiheit. Du musst nicht unbedingt deinen Angestellten-Status sofort und komplett kündigen, aber du sollst langsam anfangen.

Eine neues Produkt zu entwerfen, entwickeln und vertreiben kostet dich eine ganze Menge Arbeitszeit und vor allem Geld. Du brauchst viel Startkapital und du musst einen Businessplan schreiben, der die Banken und anderen Geldgeber überzeugen kann. Das mag alles sehr interessant sein, aber das ist alles sehr aufwendig. Der beste Weg, deine späteren Träume zu verwirklichen, liegt erstmal in der digitalen Welt. Was du brauchst, ist ein Online Business. Alles, was du zum Starten brauchst, sind ein Laptop, Internetzugang und eine gute Idee.

Du brauchst kein großes Startkapital, um dein digitales Business zu konzipieren. Im ersten Schritt solltest du dir Gedanken gemacht haben über das, was dich besonders macht. In wenigen Worten, du sollst dein Potenzial nutzen. Worin bist du besonders gut? Wo liegen deine Talente? Was machst du sehr gerne? Genau liegt hier der erste Schritt Richtung digitales Business: Sobald du weißt, was du kannst, kannst du das mit anderen über die digitale Welt teilen. Es kommt aber darauf an, wie du das vermittelst.

Angenommen, Zahlen und Rechnen ist deine Welt. Du gehörtest in der Schule zu den Schlausten in Mathematik und konntest viele verschiedene schwierige Mathe-Probleme besonders gut und schnell lösen. Angenommen, du bist ein ausgezeichneter Schach- oder Tennis-Spieler oder Übersetzer oder Tierliebhaber, ein passionierter Koch oder Ernährungswissenschaftler oder ganz egal was … mach bitte aus diesem Können ein digitales Business!

Damit du dein Know-how mit anderen teilen und dabei Geld verdienen kannst, brauchst du ein Publikum, das dir folgen kann. Fange einfach mit einem Blog an. Ein Blog zu erstellen ist recht einfach und unkompliziert. Du brauchst WordPress und eine gute, aussagekräftige Domain.

Das System, das uns kontrolliert, nutzt viele verschiedene Tools, die wir jeden Tag nutzen und dabei Spuren hinterlassen, die unsere Persönlichkeit und unser Verhalten preisgeben. Wir nutzen Google und YouTube jeden Tag, um dieses und jenes zu finden. Sei also genau so schlau wie das System und nutz ebenfalls solche Tools. Wenn du in YouTube einen Channel erstellt, in dem du dein Wissen mit anderen teilst, erreichst du wieder tausende von tausenden von Menschen, die süchtig nach den besten Tipps suchen. Du brauchst nur eine Kamera und ein kostenloses YouTube-Account. Du brauchst am Anfang keine teure Kamera. Die Kamera deines Smartphones oder Tablets und ein Stativ reichen völlig aus.

Selbst das E-Book, das du jetzt gerade vor deinen Augen hast, wurde völlig elektronisch erstellt. Es wurde einmal geschrieben, mit einem schönen Cover präsentiert und auf der Amazon-Kindle-Plattform hochgeladen und fertig. Und nachdem das erste E-Book verkauft wird, finanzierst du bei geringen Kosten noch weitere E-Books, die völlig automatisch für dich arbeiten.

Nutze die Kräfte der New Economy

Die New Economy unterstützt dich bei der Entwicklung deiner unternehmerischen Mentalität. Das bedeutet, dass du vieles, was du selbst nicht machen kannst, einfach outsourcen kannst. In einer globalisierten Welt bieten viele Freelancer Dienstleistungen für wenig Geld an und helfen dir bei der Entwicklung deines Produkts. Du brauchst für dein digitales Business keine Personalkosten. Zumindest nicht am Anfang. Ich habe zum Beispiel meine ersten E-Books und mein Blog allein gemacht. Ich habe allerdings viel Zeit beim Recherchieren und Lesen verbraucht, bis ich zu dem Punkt gekommen bin, an dem ich erkannte, dass es einiges gab, das ich nicht allein lösen konnte. Einige dieser Dinge waren die komplette Korrektur, die

Erstellung eines schönen Logos, der Entwurf eines aussagekräftigen Covers für die E-Books usw. Die New Economy bietet mir die Möglichkeit, diese Hindernisse durch das Können anderer Menschen zu überwinden. Für nur fünfzig Euro lasse ich jedes Manuskript bei Experten korrigieren, die ich bei Ebay-Kleinanzeigen finde. Das Logo und das Cover lasse ich zum Beispiel bei elance.com oder fiverr.com designen.

Wie du siehst, sind das einmalige Kosten, die du für jedes Projekt einmal bezahlst, und du brauchst keine monatlichen Personalkosten zu zahlen.

Dein Büro ist deine Couch in deinem Wohn- oder Schlafzimmer

Etwas, woran du dich als Online Business-Betreiber gewöhnen solltest, ist die Tatsache, dass du in der digitalen Welt keinen physischen Ort benötigst, um deinen Job auszuüben. Ganz egal, wo du dich befindest, sei es in der Bequemlichkeit deiner Couch oder mit deinem Tablet am Strand, du bleibst immer flexibler vom jeglichen physischen Büro. Alles, was du wirklich benötigst, ist dein Computer (Laptop, Tablet) und Internetzugang.

Du kommunizierst mit deinen Kunden entweder per E-Mail oder auf Facebook oder YouTube. Du sprichst mit deinen Kunden mit Skype und einem einfachen Headset.

Das sind nur einige der großen Vorteile, die die digitale Welt zu bieten hat.

Du musst nicht unbedingt dein jetziges Arbeitsverhältnis sofort kündigen. Du kannst immer noch deine alte Arbeit weitermachen und dich deinen eigenen Online-Geschäften nach Feierabend für ein paar Stunden widmen. Und das machst du so weiter, bis du diese alte Arbeit nicht mehr machen solltest.

Um Erfahrung zu sammeln, nutze die Erfahrungen von anderen

Viele Menschen fühlen sich gehindert, ein Online Business zu starten, weil sie meinen, absolut keine Ahnung oder keine Erfahrung gemacht zu haben. Das ist wieder ein negativer Glaubenssatz, den du in deinem Kopf bekämpfen solltest.

Oben habe ich dir bereits erzählt, dass dieses neue Abenteuer nicht einfach sein wird. Jeder Erfolg im Leben beansprucht Anstrengungen und jedes Ziel verlangt Belastung. Die Tatsache, dass du weder Erfahrung mit WordPress noch mit Kindle-Publishing noch mit der Erstellung eines YouTube-Channels oder Blogs hast, bedeutet nicht, dass du keinen Erfolg im Online Business haben wirst. Du musst nicht unbedingt ein sechsmonatiges Praktikum bei einer Online-Firma absolvieren (und gerade jetzt wenn du Angestellter bei einer Offline-Firma bist, dann wäre es unmöglich). Um die digitale Welt kennenzulernen und zu lernen, wie sie funktioniert und wie du davon profitieren kannst, stellt dir die digitale Welt eine gewaltige Menge von Wissen entweder kostenlos oder zu unglaublich niedrigen Preisen zur Verfügung. Es genügt, ein paar Keywords in Google oder YouTube einzugeben, und in Sekunden bekommst du hunderte, wenn nicht tausende von kostenlosen Tutorials, die von anderen Menschen gemacht wurden, die sie kostenlos mit dir teilen möchten. Du kannst auf unzähligen Google-Seiten etwas zum Thema „Aufbau eines Online Business", oder „WordPress" oder „YouTube-Channel" oder „Blogging" oder „Facebook" und, und, und finden, die entweder auf spezialisierten Blogs veröffentlicht werden oder als PDF-Dateien zum Herunterladen zur Verfügung gestellt werden.

Wenn du die Amazon-Seite aufrufst und über Kindle-Shop wieder Keywords eingibst, bekommst du E-Books in der Kindle-

Version zu ganz niedrigen Preisen. Das E-Book, das du gerade liest und heruntergeladen hast, gehört ebenso dazu. ☺

Ich bin immer der Meinung gewesen, dass fast alles erlernbar ist. Ein Online Business zu gründen, soll keine Ausnahme sein.

Ein wahrer Unternehmer achtet nicht auf sein Alter, sondern auf sein Können

Im Berufsleben habe ich viele Menschen kennengelernt, die die Komfortzone nicht verlassen möchten. Viele von ihnen haben immer gemeint, dass sie ihre Tätigkeit seit zwanzig oder dreißig Jahren ausgeübt haben und weiter ausüben werden, weil sie sich zu alt für etwas Neues halten. *Bullshit!*

Auch wenn du nicht mehr fünfundzwanzig oder dreißig Jahre alt bist, sondern vielleicht vierzig oder fünfzig oder sogar sechzig, soll dich dein Alter nicht daran hindern, deine Vision verwirklicht zu sehen.

Wenn du ein bestimmtes Know-how gut beherrscht, dann sollst du deine Mentalität öffnen. Ich meine einfach damit, dass du, unabhängig von deinem Alter, dein Wissen sehr gut anderen Menschen durch ein Online Business vermitteln und dabei richtig Geld verdienen kannst.

Ein wahrer Unternehmer achtet nicht auf sein Alter, sondern auf das, was er im Kopf hat: seine unternehmerische Mentalität und sein Wissen. Deine Gehirnzellen werden genauso gut arbeiten können, wenn du dich mit mehr und mehr Stoff beschäftigst. Dein Gehirn oxidiert, wenn es durch keine mentale Anstrengung gefordert wird.

Das Mindset „ich bin einfach zu alt für etwas Neues" ist einfach tödlich.

Trenne dich von deiner Angestellten-Mentalität

Der typische Angestellte nutzt die wenige Freizeit, die er hat, um sich von den lästigen Arbeitsstunden zu erholen, die er in seinem Büro oder am Fließband einer Fabrik verbracht hat. Er nutzt seine Zeit nicht, er verkonsumiert seine Zeit, indem er sich mit ganz anderen Aktivitäten beschäftigt, die nicht mit dem Aufbau seines neuen Unternehmens zu tun haben.

Jemand, der eine Arbeit, aber keinen Job hat, kann das Wochenende kaum erwarten, und sehnt sich nach seinem jährlichen Urlaub. Der Mensch mit Angestellten-Mentalität sucht sich Unternehmen, die einen festen und sicheren Arbeitsplatz mit einem unbefristeten Arbeitsvertrag bieten. Diese Person achtet darauf, ob dieses Unternehmer über einen Betriebsrat verfügt, umfangreiche soziale Leistungen bereitstellt, und versichert sich, ob seine Mitarbeiter Mitglieder einer Gewerkschaft sind.

Deine unternehmerische Mentalität wird von ganz anderen Faktoren gekennzeichnet, die du dir unbedingt in deinen Verstand einprägen solltest. Du als wahrer Kapitalist und Unternehmer nimmst die volle Verantwortung deines Lebens in deine eigenen Hände und erwartest nicht, dich von der Macht irgendeiner *„heiligen"* Institution wie einem Betriebsrat oder einer Gewerkschaft verteidigen zu lassen.

Als Unternehmer handelst du mit logischem rationalem Denken. Die Entscheidungen werden am Anfang nur von dir getroffen und du wirst nicht von der Beobachtung anderer Menschen kontrolliert, weil du dein eigener Chef bist.

Du als rationaler Unternehmer weißt genau, wohin die Reise weitergeht. Du bist lernfähig, nutzt das Know-how anderer erfolgreicher Menschen und wendest es aktiv in deinem

Unternehmen an. Unternehmer beschäftigen sich mit Dingen, die ihnen Spaß machen, und überlassen all das, was sie nicht können, anderen Menschen, die das besser machen können.

Der Unternehmer verzehrt nicht sein Kapital und auch nicht seinen Gewinn. Du bist im Prinzip kein Konsument mehr (Angestellten-Mentalität), sondern du bist Produzent. Du kennst den Unterschied zwischen Umsatz, Gewinn und Cash Flow.

Du als Unternehmer erkennst die wahre Macht des Geldes und weißt, dass man mit Geld noch mehr Geld machen kann, indem man investiert und nicht spekuliert oder konsumiert. Das heißt, deine Finanzen beherrschst du von A bis Z.

Dein Wissen teilst du sehr gerne mit anderen Experten, sodass du dadurch viel Geld verdienen kannst. Damit entwickelst du, Stück für Stück, ein automatisches System, das dir erlaubt, endlich deine Komfortzone zu verlassen, dich von der Gefangenschaft des Systems zu befreien und mit dem Hamsterrad aufzuhören.

Schritt 4 – Finde eine Branche, die dich reich macht.

Wenn du es noch nicht erkannt hast – Dieses E-Book versucht eine Botschaft zu vermitteln, die einfach darin besteht, deine finanzielle Freiheit zu erzielen. Deshalb soll finanzielle Freiheit einer deiner größten Reichtümer sein, den du erreichen kannst, wenn du nur weißt, wie das geht.

Die Branche, auf die du dich konzentrieren willst, soll sowohl für dich als auch für viele andere attraktiv genug sein, dass du dadurch automatisch und passiv genug Geld verdienen kannst, um deine finanzielle Freiheit zu erreichen. In wenigen Worten: Wenn du frei bist, dann wirst du reich sein.

Dieser vierte Schritt will dir zeigen, wie du deine Branche finden und auf ihr dein Online Business aufbauen kannst.

Es ist im Allgemeinen bekannt, dass es auf der Welt mehr Ideen gibt als alles andere. Du musst nur deine Augen ständig offen halten und Probleme erkennen, die du mit deiner Idee lösen kannst.

Eine Nische zu finden, mag auf den ersten Blick vielleicht kompliziert sein. Ist es aber nicht. Du musst nur nachdenken und Zeit investieren. Das Beste, was du machen kannst, um die perfekte Branche zu finden, ist in Gedanken-Gruppen zu arbeiten. Es geht los!

Erste Gedankengruppe – Was kannst du am besten machen?

Ganz oben habe ich bereits erwähnt, dass dein Geld in deinem Potenzial versteckt ist. Das bedeutet, dass dein Online Business-Erfolg auf deinem Wissen und Talent basiert. Nimm dir, genauso wie bei Schritt Nummer 2, bitte ein Blatt Papier und einen Stift und stelle dir folgende Fragen:

- Was sind die Themen, die dich wirklich interessieren?
- Mit welchen Fragen beschäftigst du dich mit Leidenschaft?
- Bist du schon mal Menschen begegnet, die dich nach einer bestimmten Empfehlung oder Rat gefragt haben?
- Konntest du diesen Menschen mit deinen Tipps wirklich helfen?
- Wie kannst du online Menschen helfen?
- Welche Art von Fachzeitschriften und Büchern liest du gerne?
- Welche Art von YouTube-Channels oder Newslettern hast du abonniert?

Jeder Mensch ist gut in einer bestimmten Branche. Entweder kannst du gut kochen oder singen oder Mathe-Aufgaben besonders gut lösen. Vielleicht bist du ein Experte auf anderen Gebieten wie zum Beispiel Ernährung, Tierhaltung (Hunde, Katzen, Pferde, Lamas, Alpakas, Meerschweine), Pflanzen, Reparieren, Zaubertricks, Sex-Tipps, und, und, und.

Zweite Gedanken-Gruppe – Deine Zielgruppen

Sobald du mit der ersten Gedanken-Gruppe fertig bist, ergänze bitte deine Liste mit den Zielgruppen und finde heraus, welche Affinität dieser Zielgruppen am besten zu deinen Wissen passt, das du oben aufgelistet hast. Möglichen Gruppen sind zum Beispiel kulturelle Organisationen, diverse Vereine, religiöse Gruppen, Mathe- oder Musik-Studenten, Lehrer, Tier- und Autoliebhaber, Computer-Freaks etc.

Dritte Gedanken-Gruppe – Der Schnittpunkt

So, du hast jetzt zwei Gedanken-Gruppen: die Gruppe über das, was du sehr gut und gerne machst, und die Gruppe deiner möglichen Abnehmer. Jetzt besteht die Aufgaben darin, eine dritte Gruppe zu bilden, die einen Schnittpunkt zwischen der ersten und der zweiten Gruppe darstellen kann. Erst dann, wenn du diesen Schnittpunkt gefunden hast, bedeutet das für dich, dass in dieser Gruppe deine potenziellen Kunden sind.

Vierte Gedanken-Gruppe – Die Keywords

Du sollst jetzt den Markt online beobachten und das Marktpotenzial ergründen. Google hat ein kostenloses mächtiges Tool dafür entwickelt, das dir bei dieser Aufgabe weiterhelfen wird: **Der Google Keyword Planner.**

Dieses Tool wird dir dabei helfen können, Schlüsselwörter und Begriffe herauszufinden, die Millionen von Menschen jeden Tag online suchen. Mach bitte wieder eine Gruppe von Keywords, die präzis zu deinen Zielgruppen bzw. deinem Schnittpunkt passen. All diese Begriffe, nach denen Millionen von Menschen suchen, musst du in all deine „Content-Trägern" integrieren (Blogs, YouTube-Channels, Internetseite, Kindle-Publishing usw.), denn nur so kann dein Publikum dich im Internet finden.

Fünfte Gedanken-Gruppe – Mindmaps

Jedes Mal, wenn ich ein neues Projekt ins Leben rufen will, nutze ich Mindmaps.

Eine Mindmap ist eine Technik, die deine Gedankenkarte darstellt. Mindmaps helfen dir sehr produktiv bei der Entfaltung deiner Gedanken und Ideen. Damit kannst du deine Ideen in unterschiedlichen Gruppen, Kategorien und Aktionen besser organisieren und zuordnen und somit behältst du den Überblick über deine gesamten Gruppen von Ideen. Unter **mindmeister.com** findest du ein sehr interessantes Tool (in seiner einfachen Version kostenfrei), mit dem du Mindmaps bilden kannst.

Sobald du die oberen Gedanken-Gruppen vorbereitet hast, musst du dir Gedanken machen, wie du dieses Rohprodukt handelsfähig machen kannst.

Dein Produkt ist wichtig, aber der Vertrieb ist noch wichtiger

Selbstverständlich musst du ein Produkt konzipieren, das du verkaufen kannst. Entscheidend ist aber, **WIE** du dein Produkt an den Mann und die Frau bringst. Der Markt ist überfüllt mit tausenden von schlechten Produkten, die sich aber richtig gut verkaufen lassen. Die ganzen Fast Food-Ketten, Zigaretten, Getränke usw. sind nur einige Beispiele derjenigen Produkte, die an sich sehr schlecht sind, aber von Millionen von Menschen täglich konsumiert werden.

Es hilft nichts, wenn du einen besseren und leckeren Burger als den von McDonald's oder Burger King zubereiten kannst, wenn du es nicht weißt, wie du deinen Burger am besten vermarkten kannst.

Glaubst du wirklich, dass Starbucks den besten Capuccino oder den besten Latte Machiatto macht? Ganz und gar nicht! Diese Großkonzerne haben verstanden, dass ein mächtiges System notwendig ist, um ein gutes Produkt anzubieten.

Du hast heute die große Chance, dein Online Business anhand des Internets als Vertriebstool zu deinen Nutzen zu machen. Social Media, YouTube, Blogs, Kindle Publishing, Email-Marketing (und Email-Verteiler) sind einige der Tools, die du für dein Online Projekt zu deinen Vorteilen nutzen kannst.

Übelst wichtig ist, dass du am Ende deiner Recherche herausgefunden hast, dass du unzählige Bedürfnisse mit deinem Produkt erfüllen kannst. Es geht nicht darum, deine eigenen Bedürfnisse zu befriedigen, sondern die Wünsche deiner Kunden zu verwirklichen.

Wie du dein Vertriebssystem aufbaust und für welche Tools du dich am Ende entscheidest, ist praktisch egal. Hauptsache, dein Vertriebssystem funktioniert und dein Produkt lässt sich dadurch tausendfach skalieren.

Wenn du einen schnellen finanziellen Reichtum erreichen willst, muss dein Vertriebssystem so entwickelt sein, dass dein Produkt sich automatisch tausendmal online verkauft und das unabhängig von Zeit und Ort.

Wenn du kein Vertriebssystem aufbaust, kannst du es vergessen mit deiner Geschäftsidee.

Übertrage eine Idee und lass sie anpassen

Was wäre, wenn du eine Geschäftsidee, die bereits besteht, auf deinen Markt übertragen würdest? Du musst das Rad nicht zweimal erfinden und das Feuer nicht zweimal entdecken. Worauf du achten sollst, ist, ein Business-Konzept zu übernehmen, das schon existiert und erfolgreich ist, in deine Nische zu integrieren.

Viele Geschäftsideen, die bereits in Deutschland oder anderen Ländern funktionieren, wurden aus anderen Ländern importiert. Die meisten von ihnen aus den USA.

Wenn du dieses Prinzip bei deinem Online Business anwenden willst, dann abonniere Blogs und schaue dir YouTube-Channels an. Du wirst sehen, dass du sehr viele neue Ideen hören und lesen wirst, die du mit ein bisschen Anstrengung und Fantasie in eine fantastische Idee umsetzen kannst.

Betrachte Probleme als Chancen deines Erfolgs

Wenn du ein Problem bei einem Geschäftskonzept einer anderen Firma identifizierst, dann ist das eine Chance.

Wenn du siehst, dass dieser Blog über veganes Essen seine Rezepte nicht gut genug präsentiert, dann ist das eine Chance.

Wenn du feststellst, dass es ganz wenig E-Books über Zaubertricks gibt, die viele Menschen gerne lesen würden, dann ist das eine Chance.

Viele Geschäftsgründer glauben, dass der große Erfolg eines Unternehmens mit der Entstehung einer bahnbrechenden Idee zu tun hat. Das ist ein Denkfehler. Der Schlüssel liegt in einem besseren Service.

Hast du den Markt beobachtet und festgestellt, dass es schon viele Geschäftsideen gibt? Na und?! Mach es einfach besser!

Die meisten erfolgreichen Geschäftsideen sind das Resultat einer Idee, die es schon mal gab. Du sollst also nicht die Idee perfektionieren, sondern die Umsetzung.

Finde Probleme bei dir zu Hause (und entwickle eine Lösung)

Ein guter Beobachter findet nicht nur Probleme in der Außenwelt, sondern ebenfalls innerhalb seiner eigenen vier Wänden. Wenn etwas bei uns zu Hause kaputt geht, wollen wir oft die Reparatur selbst machen. Wie viele Male musstest du vielleicht schon deinen Herd selbst reparieren? Wievielmal musstest du deine eigene Wohnung vielleicht streichen oder tapezieren? Vielleicht hast du zu Hause am Balkon verschiedene Kräutersorten zusammengestellt und über den ganzen Sommer hinaus gezüchtet und dich täglich davon ernährt? Hast du dir schon die Frage gestellt, ob du all diese kleinen Tipps verpackt in einem Produkt über dein Business Online verkaufen kannst?

Wir Menschen haben täglich unzählige Probleme zu Hause. In unseren Garagen, mit unseren Kindern, unseren Autos, unseren Computern, unseren Hausaufgaben, vielleicht beim Schlafen, mit unseren Partnern, unseren Haustieren, in unserem Garten, vielleicht auf dem Dach unseres Hauses, und so weiter und sofort.

Menschen wollen sich nicht mehr mit solchen blöden Problemen des alltäglichen Lebens konfrontiert sehen, sondern sie wollen alle eine schnelle und smarte Lösung. Hilf all diesen Menschen dabei und verkaufe dich gut!

Schritt Nummer 5 – Lernen ist der Anfang und das Ende

Ich muss ganz ehrlich sagen: Wenn du gerade schon diesen fünften Schritt liest, dann bin ich sehr stolz auf dich. Damit demonstrierst du, dass du auf jeden Fall den Willen hast, dich endlich von der Gefangenschaft des Systems zu befreien und dein Hamsterrad für immer zu verlassen.

Ich hoffe, dass du langsam verstanden hast, dass deine neue Welt auf dich wartet, aber nur wenn du bereit bist, den Preis zu bezahlen. Es ist ein Preis, den du nicht unbedingt mit Geld entrichten musst, sondern mit Anstrengung.

Diese Bemühung können wir in einem einzelnen Wort zusammenfassen: **lernen**. Und das Lernen wird in 5 Geboten zusammengefasst:

Erstes Gebot - Du sollst lernen, deine Emotionen zu kontrollieren

Einer der Gründe, warum so viele Menschen ständig hochverschuldet sind, ist, dass sie ihre Gefühle und Emotionen einfach nicht beherrschen können. Da die Neurowissenschaft schon seit langer Zeit bewiesen hat, dass 90% bis 95% der Kaufentscheidungen des Menschen auf irrationalem Verhalten basieren, führen diese Handlungen zu extremen hoch negativen Konsequenzen.

Die Marke Apple ist ein Brand, der mich immer fasziniert hat. Steve Jobs ist einer meiner größten Helden und ich habe sehr viele Bücher über ihn und sein Unternehmen gelesen. Seine legendäre Keynotes-Präsentationen über das iPod, iPhone und iPad habe ich mir unzählige Mal auf YouTube angeschaut. Wie Steve Jobs und Apple seine Produkte der Welt präsentiert, ist einfach fantastisch.

Solche Menschen und solche Unternehmen arbeiten mit einer Gruppe von Marketingexperten zusammen, die extrem gut funktionierende Marketingmaßnahmen einsetzen, um die Emotionen der Menschen zu berühren. Solche Marketinggurus haben einen Job, denn sie lieben, was sie tun, erreichen ihre Ziele und werden dafür extrem gut bezahlt.

Das Problem liegt bei der anderen Seite. Während die Botschaft dieser Unternehmen beim Konsumenten äußerst gut ankommt, entscheidet sich der Kunde für den Kauf solcher teueren Produkte. In wenigen Worten: Der Konsument wird fremdgesteuert und manipuliert. Schwierig wird es, wenn der Konsument sein Geld ständig dafür ausgibt. Besonders riskant wird es, wenn der Kunde sich verschuldet und Monat für Monat eine festgelegte Summe für mehrere Jahre ausgeben soll, nur weil er das neueste Modell besitzen will.

Diesen Gedanke können wir ganz einfach auf andere Produkte übertragen, die unsere Emotionen ansprechen und beeinflussen lassen, weil wir einfach glauben, dass wir damit cool aussehen.

Wenn du kein Sklave des Systems mehr sein willst und dich von deiner sozialen Konditionierung trennen willst, musst du lernen, deine Emotionen unter Kontrolle zu halten.

Und es geht noch weiter: Das obere Beispiel bezieht sich auf Produkte, die extrem teuer sind und für die man über einen langen Zeitraum Geld ausgeben muss, um sie auszubezahlen. Es geht aber noch schlimmer, wenn wir an die Produkte des täglichen Lebens denken, wenn wir in den Supermarkt einkaufen gehen.

Jeden Tag versucht die bunte Welt der Werbung, uns zu manipulieren. Sie wollen uns glauben machen, dass ihre Produkte die besten auf dem Markt sind. Jetzt gerade, wenn du von deiner Angestellten-Mentalität zur Unternehmer-Mentalität wechseln willst, musst du deine Emotionen kontrollieren, indem du auf tausende Dinge verzichtest.

Du musst nicht unbedingt jedes Mal, wenn du einkaufen gehst, eine Flasche Wein trinken. Du sollst nicht dein gut verdientes Geld für hochgiftige Produkte wie Tabak und Zigaretten ausgeben. Du musst auch nicht unbedingt teure Schokolade kaufen oder Energy Drinks. Vielleicht isst du heute einmal nicht deine Lieblingspizza von dieser berühmten Marke, sondern greifst auf die No-Name-Marke zurück.

Zweites Gebot – Du sollst lernen, dein Geld zu sparen

Sobald du gelernt hast, deine Emotionen zu kontrollieren, könnte man sagen, dass du gleichzeitig beginnst, deine Ausgaben unter Kontrolle zu halten. Weniger ausgeben bedeutet für dich Geld systematisch zu sparen. Sparen ist ein extrem wichtiger Begriff, den du jeden Tag bei deinen Einkaufen anwenden sollst. Je mehr du sparst, desto intelligenter setzt du deine Ersparnisse in produktive Dingen ein. Zum Beispiel in die Registrierung einer Domain, Webhosting-Kosten, in ein Email-Verteiler-System usw. Und warum nicht auch in neue Bücher zu einem bestimmten Wirtschaftsgebiet, Seminare, Englisch-Kurse, etc.

Sobald du das erste Gebot erfüllt hast, beginne deine Ausgaben aufzuschreiben. Oder am besten erfasse all deine Ausgaben in einer Excel-Tabelle. Alle deine Fix- u nd Variablen-Kosten sollst du ständig beobachten. Ich zum Beispiel kontrolliere alle meine Ausgaben (absolut alle) in einer Excel-Tabelle, welche du dir auf meiner Internetseite (**http://bisnology.de/budget-excel-tool/**) kostenlos herunterladen kannst.

Wenn ich in den Supermarkt einkaufen gehe, verlange ich immer den Kassenbon, wenn ich in die Apotheke gehe, verlange ich immer den Kassenbon, wenn ich ins Kino gehe, verlange ich immer den Kassenbon, wenn ich zum Bäcker gehe, verlange ich immer den Kassenbon, wenn ich an einem Automaten einen Schokoriegel oder eine Tüte Gummibärchen kaufe, notiere ich mir den kleinen Preis, den ich dafür ausgegeben habe. Am Ende des Tages setze ich mich an den Computer und trage fleißig alle meine kumulierten Ausgaben in meine Excel-Tabelle ein und am Ende des Monats errechnet Excel meine Gesamtausgaben. Dazu gehören selbstverständlich die Mietkosten, Kindergartenkosten, Versicherungskosten, Klamotten, Medikamente, Lebensmittel, Spaß und Unterhaltung, Bücher, Zeitschriften, Urlaub, Spritkosten, Bahnkosten und Flugkosten. In wenigen Worten: absolut alle Kosten.

Wie ich dir oben bereits gesagt habe, ist die Erfassung deiner monatlichen Kosten in einer Excel-Tabelle sowie die Nachverfolgung deiner Ausgaben extrem wichtig. Das zweite Gebot ergänzt du, indem du dir ein finanzielles Ziel aufschreibst. Dieses erste finanzielle Ziel kann zum Beispiel die Einsparung von 10% deiner Ausgaben sein. Und zwar Monat für Monat. Ich empfehle dir, alle Posten und Kategorien der Excel-Tabelle zu studieren und nach Bedarf anzupassen. Schaue ganz genau hin, an welcher Stelle du Geld sparen kannst. Vielleicht gibst du für einige Monate kein Geld mehr für Kino oder Klamotten aus. Vielleicht streichst du komplett deine Energy Drinks, teure Schokoladen und sinnlose Zigaretten aus deinen monatlichen Ausgaben. Das wäre super!

Deine Ausgaben unter ständiger Kontrolle zu haben ist sehr wichtig. Das ersparte Geld ist noch wichtiger. Um dein erstes finanzielles Ziel zu schaffen, sollst du ein Girokonto eröffnen, oder am besten, ein Tagesgeldkonto. Nutze dieses Konto für deine Ersparnisse. Da du bestimmt bereits über ein Girokonto oder Gehaltskonto verfügst, lass dir Monat für Monat 10% deiner Ersparnisse in dieses Sparkonto automatisch überweisen.

Wenn wir zusammenfassen, wie du dich an das zweite Gebot halten kannst, wirst du bestätigen, dass du drei Dinge gelernt hast: Erstens, du hast gelernt deine monatlichen Kosten und Ausgaben ständig unter Kontrolle zu halten. Zweitens, du hast gelernt, dir ein finanzielles Ziel festzulegen. Und drittens, du hast gelernt, dass du deine Ersparnisse am besten kontrollieren kannst, wenn du dieses gesparte Geld in ein Extra-Sparkonto (Giro- oder Tagesgeldkonto) jeden Monat automatisch überweisen lässt.

Drittes Gebot – Du sollst lernen, die Wirtschaftswelt zu verstehen

Was wir in unseren Schulen nicht lernen, ist der Umgang mit Geld und die katastrophalen Nebenwirkungen, die sich auf unser Geld auswirken können, wenn unser Wirtschaftsystem nicht so funktioniert, wie wir uns alle wünschen. Viele gut ausgebildete Menschen verstehen immer noch nicht, welche Rolle Geld in ihrem Leben spielt.

Ich hoffe, dass es dir längst schon klar geworden ist, dass die Wirtschaftswelt maßgeblich dein Leben systematisch bestimmt. Wenn du einige Grundregeln des Kapitalismus nicht begreifst, dann verstößt du gegen das dritte Gebot.

Die Wirtschaftswelt zu verstehen, bedeutet in diesem Zusammenhang, die Variablen des Kapitalismus zu studieren. Das System versteckt in sich einige Variablen, die du unbedingt unter ständiger Beobachtung halten solltest. Besonders wichtig bei der Einhaltung des drittens Gebots ist, dass du die

Wirtschaftswelt in Volkswirtschaftslehre und Betriebswirtschaftslehre getrennt aufteilen sollst.

Die Volkswirtschaftslehre ist recht komplex. Man erwartet nicht, dass man alle Variablen dieses Gebiets beherrscht. Dennoch bestimmen folgende Variablen maßgeblich das Schicksal deines Geldes:

Das Bruttoinlandsprodukt, kurz BIP, soll ein Fachbegriff sein, den du vielleicht schon mal gehört hast. Grob gesagt umfasst diese Variable die Summe aller produzierten Güter und Dienstleistungen eines Landes während eines bestimmten Geschäftsjahres. Die Wirtschaftsleistung eines Landes wird in Prozentsatz angegeben und variiert um einige Prozentpunkte.

Der Konsum der Verbraucher als auch die Produktion zahlreicher Unternehmen bestimmen das reibungslose Funktionieren des Binnenmarktes und somit des BIP. Ist diese Variable niedrig oder sogar negativ, bedeutet das, dass die wirtschaftliche Stimmung in der Nation von negativen Ereignissen beeinflusst wurde. Gründe dafür sind zum Beispiel die Angst der Verbraucher, sich weiter zu verschulden, oder eine Naturkatastrophe oder weniger Arbeitsaufträge von Unternehmen, Entlassung von Personal, schlechtes Wetter etc.

Wenn das BIP stagniert (keine positive Steigerung der Wirtschaftsleistung) kann das für dich bedeuten, dass vielleicht die Firma, bei der du arbeitest, nicht genügend Arbeitsaufträge bekommt. Das kann dazu führen, dass dein Chef Restrukturierungsmaßnahmen einführen kann, nämlich Schließung von Standorten und somit Entlassung von Personal, um sein Unternehmen zu retten.

Vergiss nicht, dass das System kein Mitleid mit dir haben wird, wenn du entlassen wirst, wenn eine Wirtschaftsflaute das Land heimsucht. Du wirst entlassen und demzufolge hättest du keinen Anspruch mehr auf dein regelmäßiges Einkommen.

Inflation, das Wort stammt aus dem Lateinischen „inflare" und bedeutet Aufblasen. Damit ist gemeint, dass die Preise durch eine ständige Erhöhung der Geldmenge in einer Volkswirtschaft ansteigen. Mit anderen Worten: Die Preise werden teuer. Das Problem ist auch, dass unsere Einkommen nicht per se mit ansteigen. Inflation gab es immer, gibt es immer und wird es immer geben. Das heißt, wir alle sind nicht von der Inflation befreit, und durch dieses Phänomen, verliert unser Geldvermögen langsam an Wert. Es ist sinnvoll, unser Geld davor zu schützen. Manche Leute legen ihr Geld in einem Sparbuch an. Das ergibt weniger Sinn, denn die Zinsen, die die Banken bei einem Sparbuch bezahlen, betragen heutzutage nur 0,5%. Also so gut wie nichts! Was kann man als Alternative nehmen? Eine gute Option wären zum Beispiel Aktien. Wenn Inflation entsteht, schützen sich die Unternehmer vor der Inflation, indem sie automatisch die Preise für ihre Produkte anheben. Du als Verbraucher hast keine Wahl, wenn du einkaufen gehst und merkst, dass deine Lieblingsschokolade teurer geworden ist. Du hast entweder die Wahl, dieses Produkt nicht zu kaufen oder es doch mit einem „aufgeblasenen" Preis zu bezahlen. Die Aktionäre aber, die Anteile an Aktiengesellschaften besitzen, profitieren von der Inflation, weil ihr gut angelegtes Geld mit der Inflation mithält.

Deflation, wie du bestimmt vermutest, ist genau das Gegenteil von Inflation. Anstatt zu steigen, sinken die Preise. Das heißt, dass die Waren günstiger werden. Was auf den ersten Blick wunderbar aussieht, ist in Wirklichkeit Gift für die Wirtschaft. Eine deflationäre Tendenz entsteht, wenn die Wirtschaftsakteure, nämlich Haushalte und Unternehmen, weniger Geld ausgeben. Das bedeutet, dass weniger Geld im Umlauf ist, was dazu führt, dass die Preise sinken.

Die Verbraucher warten einfach, dass die Preise weiter sinken, in der Hoffnung, mit ihrem Geld mehr von dem zu kaufen, was sie auf den Einkaufzettel geschrieben haben. Die Verbraucher wollen während dieser Zeit weniger ausgeben. Sinkende Preise bedeuten in diesem Zusammenhang weniger Aufträge bei Unternehmen. Die Unternehmen wollen natürlich kein unausgelastetes Personal haben, was zu Entlassungen führen kann. Entlassungen führen wiederum dazu, dass Menschen ohne Geld sich weniger leisten können, also weniger Konsum usw.

Diese Instabilität der Wirtschaft bedeutet, dass der Staat eingreifen soll, um Preisniveaustabilität, positive Wirtschaftsleistung und Vollbeschäftigung zu garantieren. Dieses Eingreifes des Staates bedeutet oft, dass wir einen Teil unseres Geldes für mehr Steuern und Zinsen opfern müssen. Der Staat versucht solche Anomalien zu korrigieren, indem er sich weiter und immer wieder weiter verschuldet. Die Steuern und Zinsen, die wir bezahlen müssen, um diese Anomalien zu korrigieren, werden natürlich nicht in einer Steigerung unseres Gehalts kompensiert.

Bruttoinlandsprodukt, Inflation, Deflation, Steuern und Zinsen sind nur einige der Variablen der Volkswirtschaftslehre, die absolut eine Rolle bei unserem Geld spielen.

So wie die Volkswirtschaftslehre unser Wirtschaftsleben bestimmen kann, so kann die Betriebswirtschaftslehre unser Verständnis zum Unternehmertum entwickeln.

Wer seine unternehmerische Mentalität entfalten will, muss sich ebenfalls Gedanken über betriebswirtschaftliche Kenntnisse machen. Das ist wieder ein Gebiet der Wirtschaft, das uns die

Schulen nicht lehren. Wenn du dein Verständnis der Wirtschaftswelt noch vertiefen und deine finanzielle Freiheit erreichen willst, ist es umso wichtiger, zu wissen, wie Unternehmen funktionieren.

Es ist nicht die Absicht des dritten Gebots, einen Kurs über BWL zu geben. Es ist das Ziel dieses Gebots, dich darauf zu sensibilisieren, Dinge zu studieren, die dir dabei helfen, die Wirtschaftswelt zu verstehen.

Du darfst nicht vergessen, dass sowohl deine eigene Firma als auch andere Unternehmen deine Alliierten bei der Erzielung deiner finanziellen Freiheit sind. Je besser du lernst, die betriebswirtschaftlichen Kennzahlen eines Unternehmens zu interpretieren, desto intelligenter sind deine Strategien, in deine eigenen Firma zu investieren und Geld in anderen Unternehmen anzulegen.

Von allen betriebswirtschaftlichen Kennzahlen, die es gibt, gibt es besonders zwei große und ganz wichtige Variablen bei einer Firma, die Hinweise darüber vermitteln, wie gesund oder wie krank ein Unternehmen ist: die Bilanz und die Gewinn- und Verlustrechnung.

Grob erklärt erfasst die Bilanz auf ihrer linken Seite die Vermögenswerte des Unternehmens. Auf der rechten Seite der Bilanz werden die Verbindlichkeiten wie zum Beispiel das Fremdkapital sowie das Eigenkapital dargestellt.

Die Gewinn- und Verlustrechnung umfasst dagegen Erträge und Aufwendungen eines Geschäftsjahres, das heißt, über dieses Konto erhältst du einen gesamten Überblick über die Art, die Höhe und die Quelle des unternehmerischen Erfolges.

Sobald du mit deinem Online Business deine Einnahmen erzielt hast, wird es Zeit, zu überlegen, welche Strategien du weiterverfolgen sollst, um aus diesen Einnahmen noch mehr Geld zu verdienen. Marketing ist an dieser Stelle gefragt. Das Marketing ist ein mächtiges Tool, wenn es darum geht, Strategien bezüglich des Wachstums und der Expansion deines Unternehmens zu entwickeln.

Diese ganzen Kennzahlen zu studieren und zu interpretieren hilft dir, sowohl unternehmerische Entscheidungen zu treffen als auch Unternehmen (sogar Weltkonzerne) zu analysieren. Finanzielle Intelligenz ist in diesem Zusammenhang eine wichtige Ressource, um sowohl deine eigene Firma voranzutreiben als auch dein Geld in Aktien und ETFs auf Dauer für ein passives Einkommen anzulegen.

Wer die Spielregeln des Systems durch die Beobachtung seiner Variablen kennt, erfüllt damit das dritte Gebot.

Viertes Gebot – Du sollst lernen, deine Zeit zu nutzen

Wie viele Male hast du den alten Spruch *„Zeit ist Geld"* gehört? Bestimmt tausendmal. Und die Wahrheit ist, dass Zeit tatsächlich Geld ist. Jede Minute, jede Stunde, jeder Tag oder jeder Monat, den du nicht für deine finanziellen Ziele verwendest, ist in Wirklichkeit weggeworfenes Geld.

Du hast schon gelernt, dass du das erste Gebot erfüllst, wenn du deine Emotionen unter Kontrolle hältst. Deine Emotionen zu kontrollieren bedeutet, dass du auf tausende Dinge verzichten sollst; unter anderem auch auf Dinge, die dir Spaß bringen.

Du hast die Wahl, entweder nach Feierabend und am Wochenende auf einer Party zu feiern, ins Kino zu gehen, im Restaurant mit Freunden ein schönes Essen genießen, ein paar

Drinks in einem Pub zu trinken, mit einem hübschen Mädel in die Disco zu gehen oder dir einfach zu Hause Gedanken über deine finanzielle Freiheit zu machen.

Sicher werden hoch emotionale Erlebnisse in deinem Kopf hochgekocht, wenn du dich mit deiner Freundin oder Freunden auf einer Party oder was auch immer der Ort ist, triffst. Diese Zeit, die du in deiner Freizeit verschwendest, kann gut in deine finanzielle Bildung investiert werden.

Albert Einstein hat einmal gesagt: *„Mehr als die Vergangenheit interessiert mich die Zukunft, denn in ihr gedenke ich zu leben"*. Ganz egal, was du in deiner Vergangenheit getan hast, jetzt ist es Zeit für dich, deine Zeit heute zu nutzen, um die Früchte der Zukunft zu genießen.

Das Leben, von dem du so lange träumst, kann nicht verwirklicht werden, wenn du deine Zeit nicht organisierst. Solange du noch Sklave des Systems bist, wirst du nicht instruiert, die Zeit für dich zu nutzen, weil das System das einfach nicht will. Das System, mit seiner bunten Welt, versucht dich durch die Medien systematisch zu verführen. Es will, dass du deine Zeit verschwendest und dein gut verdientes Geld ausgibst. Am besten alles, damit du dich weiter verschuldest.

Ich weiß, dass es nicht einfach ist, dich nach 8 oder 10 intensiven Arbeitsstunden in deine persönlichen Projekte zu vertiefen. Aber wer nie anfängt, wird nie seine Projekte beenden.

Ziele spielen eine herausragende Rolle bei der Ausführung und Beendigung unserer Projekte und bei der Erreichung unserer finanziellen Freiheit. Erinnerst du dich, dass du dir ein Ziel gesetzt hattest, einen bestimmten Prozentsatz deines Einkommens zu sparen? Jetzt solltest du dieses Modell wieder anwenden, indem du alles daransetzt, am Ende deines

Arbeitstages eine oder zwei oder vielleicht drei Stunden in deine Zukunft zu investieren.

Die Partys, die Saufereien, das Kino und der Urlaub, das alles kann warten. Die Zeit wartet aber nicht. Die Zeit läuft von dir weg und spielt gegen dich. Je früher du anfängst, desto schneller gewinnst du das Spiel gegen die Zeit und desto schneller erreichst du deine finanzielle Freiheit.

Solange du deine wenige Freizeit nicht intelligent nutzt, wirst du Sklave des Systems bleiben. „Opfere" deine Freizeit für neue Aufgaben.

Fünftes Gebot – Du sollst lernen, neues Wissen zu studieren und es anzuwenden

Wenn du gelernt hast, deine Emotionen zu kontrollieren und auf tausende Dinge zu verzichten; wenn du gelernt hast, dein Geld zu sparen, die Wirtschaftswelt gründlich kennenzulernen und deine Zeit zu nutzen, wird es jetzt Zeit, dass du dir Dinge aneignest, die dir die Verwirklichung deiner Ziele und deine finanzielle Freiheit ermöglichen.

Du lebst in einer Zeit, in der technologische Errungenschaften auf deiner Seite stehen. Information ist heutzutage leichter verfügbar als zuvor. Mit wenig Geld und sogar kostenlos kannst du dir über das weite Universum des Internets Wissen und Know-how mit wenigen Klicks aneignen , das damals nur für bestimmten Zielgruppen der Gesellschaft reserviert war.

Da du schon weißt, wie Zeit intelligent genutzt und wie Geld gespart wird, kannst du diese Ressourcen in neue Bücher, Seminare und Kurse investieren. Du kannst Wikipedia kostenlos lesen. Du kannst dir E-Books auf dein Laptop oder Smartphone oder Tablet entweder auch kostenlos oder zu sehr geringen

Preisen über Kindle herunterladen. Du kannst YouTube-Channels über Ökonomie, Betriebswirtschaft, Marketing, Rechnungswesen, Online Business kostenlos abonnieren und von den Fähigkeiten anderer profitieren und sie in deinem Business einsetzen.

Du kannst Kursen in Englisch oder in einer anderen Sprache ebenfalls zu preisfreundlichen Bedingungen belegen. Und das unabhängig von Ort und Zeit. Du benötigst nur einen Computer (Laptop, Smartphone, Tablet), ein Headset (oder vielleicht nicht) und Internetzugang. Das ist alles.

Das System nutzt genauso dieselben Instrumente, um dich zu kontrollieren, aber es ist gleichzeitig nachgiebig mit dir, sodass du dieselben Tools zu deinen eigenen Vorteilen nutzen kannst.

Das Studium des Lernens und die Einprägung von neuem Wissen werden dich so stimulieren, dass deine Augen, dein Gehirn und dein Herz sich so stimulieren werden, sodass du dein neues Potenzial schnell in deine Projekte umsetzen wirst.

Wer den tödlichen Glaubenssatz *„ich bin zu alt für sowas"* oder *„ich habe leider keine Zeit dafür"* überwunden hat und sein Gehirn Schritt für Schritt trainiert, sich neues Wissen einzuprägen, und das für die Entwicklung seines Online Business einsetzt, der erfüllt das fünfte Gebot.

Schritt Nummer 6 – Mache aus verschiedenen Plattformen deine beste Bühne

Du als Experte auf deinem Gebiet hast zwei Möglichkeiten, dein Wissen zu verkaufen: offline oder online.

Wenn du zum Beispiel ein Fachmann für Hundetraining bist, dann hättest du die Möglichkeit, dein eigenes Hundetrainerzentrum einzurichten, Personal einzustellen, Geld in Werbung für dein Geschäft zu investieren und einfach abzuwarten, bis sich jemand bei dir meldet und seinen Vierbeiner zu dir bringt.

Die Offline-Welt ist die Plattform, die selbstverständlich heute immer noch hervorragend funktioniert. Allerdings ist diese Alternative mit viel Mühe verbunden. Du brauchst ein gutes Eigenkapital und, wer weiß, vielleicht auch Fremdkapital. Du brauchst vor allem auch viel Zeit, wenn du ordentlich und professionell deine Ideen und Konzepte in die Tat umsetzen willst.

Die Online-Welt dagegen bietet dir die Möglichkeit, diese Hindernisse einfach auszublenden und, mit wenig Geld, dein Online Business-Projekt ins Leben zu rufen. Vergiss nicht, dass der heutige Konsument anders kauft. Was damals in der Offline-Welt sehr gut funktioniert hat, ist heute anders, heute bevorzugen die Kunden, ihr Geld für eine Dienstleistung im Internet zu kaufen. Wenn wir bei unserem obigen Beispiel bleiben, kannst du dich als Experte für Hundetraining (oder was auch immer dein Fachgebiet ist) als Experte in Internet zeigen. Dazu verfügst du über mehrere Möglichkeiten:

Erstens: Du hast ein Blog

Dein Blog kann für dich der erste Schritt zu deinem neuen Online Business sein. In deinem Blog bist du einfach frei, hochinteressante Artikel über dein Gebiet zu schreiben. Dadurch kannst du die Herzen deiner Besucher erobern. Auf deinem Blog hast du die Möglichkeit, die besten Tipps und Tricks zu veröffentlichen.

Ein Blog zu erstellen ist recht einfach, kostenlos und unkompliziert. Mit WordPress hast du in wenigen Minuten schon eine Blog-Seite. Aber am besten registrierst du erstmal deine eigene Domain bei einem Webhoster und erstelle dann dein Blog über diesen Domain-Name.

Je reicher dein Blog mit hoch interessanten Themen für dein Publikum ist, desto beliebter wirst du für deine Kunden. Content heißt in diesem Zusammenhang das Zauberwort. Content ist *King and Queen*, das bedeutet, dass Inhalt und Gestaltung deiner Seite die Aufmerksamkeit deiner Leads ziehen. Der Content ist nicht nur der Text, den du schreibst. Der Content sind ebenfalls die Bilder, Infographics oder Videos, die du auf deiner Blogseite platzierst.

Wenn du all diese Eigenschaften mit einer gut strukturierten, einfachen und benutzerfreundlichen Gestaltung deiner Seite kombinierst, dann hast du den perfekten Mix.

Der Erfolg einer Blogseite wird durch zwei Voraussetzungen maßgeblich bestimmt:

- deine Leidenschaft, das zu schreiben und zu veröffentlichen, was dir richtig Spaß macht, und
- die Leidenschaft anderer Menschen, das zu lesen und zu erkunden, was ihnen wirklich Spaß macht.

Das bedeutet, dass du nicht etwas publizieren kannst, was andere nicht suchen. Es muss unbedingt eine Nachfrage geben. Wenn diese Nachfrage durch deinen Content zufriedengestellt wird, dann stellt dein Blog deinen ersten Schritt zu deinem Online Business dar.

Sobald deine Kundschaft sich an deine Artikel gewöhnt hat, musst du dein Blog mit regelmäßigem Stoff ernähren. Schreibe einen bis maximal zwei Blogartikel in der Woche. Dann hättest du genug Zeit, dir Gedanken zu machen, über welches neue Thema du schreiben würdest.

Fühle dich bitte nicht von anderen Blogs abgeschreckt, die schon lange Zeit vor dir schreiben. Du kannst ebenfalls ein interessanter Experte auf deinem Gebiet sein. Wenn du dir die Blogs anderer Blogger anschaust, dann mache dir Gedanken darüber, wie du die Themen und Contents besser anbieten kannst.

Zweitens: Du hast einen YouTube-Channel

Nach Google ist YouTube die zweitgrößte Suchmaschine in Internet. Millionen von Menschen machen sich auf der Suche nach neuen Themen und Stoff zu YouTube auf.

Mittlerweile kann man dort fast alles finden. Der Besucher hat dabei die große Möglichkeit, live zu lernen, was andere Experten anhand vieler Beispiele unterrichten können. Die Zubereitung von leckeren internationalen Rezepten, Tierpflege, Medizin, Yoga, Business, Mathematik, Physik, Musik, Haushaltsrenovierung, Autos und Sport und, und, und. Dein YouTube-Channel ist die perfekte Ergänzung zu deinem Blog.

Wenn du etwas auf deiner Blog-Seite promoten willst, dann kannst du deinen Leser auf den Link oder deinen YouTube-Channel verweisen. Dort kannst du einfach demonstrieren, was du in deinem Blog predigst.

Wenn du ein richtiger Experte auf deinem Gebiet bist, glaub mir, dass deine Besucher dich lieben werden. Das Beste ist ebenfalls, dass du keine große teuere technische Ausstattung benötigst. Für den Anfang reicht dein Smartphone, Tablet, PC oder Laptop. Alle diese Geräte sind mit integrierter Kamera ausgestattet. Demonstriere einfach damit, was du machen oder erzählen kannst, und dein Publikum wird dir folgen.

Viele Menschen wollen wissen, wie der Blogautor tatsächlich aussieht, wie seine Stimme ist und wie seine Persönlichkeit die Persönlichkeit seiner Kunden beeinflussen kann. Fang einfach an, deine Videos bei dir zu Hause zu drehen. Ganz wichtig für dich ist, daran zu denken, dass du beim Drehen deiner Videos kein Perfektionist sein musst.

Die ersten Videos werden vielleicht nicht der gewünschten Qualität entsprechen oder sie werden nicht aussehen, wie du sie dir vorgestellt hattest. Macht nichts! Langsam wirst du die Fehler erkennen, die du bei jedem Video gemacht hast. All diese Fehler wirst du später nicht mehr machen und solange du am Ball bleibst und mehr darüber lernst, Videos zu drehen, die Beleuchtung besser zu positionieren oder die Höhe des Stativs besser zu justieren, wirst du die Kunst des Videodrehens einfach beherrschen.

Genauso wie beim Bloggen spielt beim Drehen eines Videos auf YouTube der Content eine entscheidende Rolle. Menschen werden sich in dein Angebot verlieben, wenn der Content die Erwartungen deiner Kundschaft übertrifft. Sobald das passiert, werden die Zuschauer deine Videos liken und sofort teilen. Alles entwickelt sich viral. Die einen posten deine Videos auf Facebook, die anderen verweisen auf deine Videos auf deiner Blog-Seite.

Drittens: Du publizierst deine E-Books auf Kindle

Jeder von uns entwickelt unendlich viele Ideen und Gedanken, die er sehr gerne mit anderen teilen und mit denen er Geld verdienen möchte. Viele Bekannte und Freunde gehören dazu. Sie alle haben immer den Traum gehabt, ihre Werke von einem Verlag publiziert und in den Regalen von Buchhandlungen zu sehen.

Der Traum, sein eigenes Buch herauszugeben, platzt, wenn der Verlag das Manuskript einfach verwirft. Sogar wenn ein Verlagshaus entscheidet, doch das Buch zu binden und zu vermarkten, kassiert es große Summen von jedem verkauften Exemplar. Diese Konditionen schrecken Autoren ab, sodass ihre Romane, Fachbücher oder Märchen in einer alten Schublade liegen bleiben.

Amazon hat dieses Problem erkannt und durch die Eröffnung seiner Kindle-Plattform gelöst. Seitdem publizieren tausende von Autoren jeden Tag ihre Werke in elektronischer Form. Sie kassieren über 70% der Einnahmen und ganz unkompliziert lassen sich die E-Books auf der Kindle-Plattform hochladen.

Dadurch erreichst du Millionen von Menschen und wenn du deine eBooks in viele andere Sprachen übersetzen lassen kannst, dann kannst du sie auf den verschiedenen Webseiten veröffentlichen, die Kindle weltweit anbietet. Somit erreichst du noch mehr Leser und begeisterst du noch mehr Herzen. Die Folge ist, dass deine Werke und du berühmter werden und du noch mehr Geld kassierst.

Manche Leute zögern ein bisschen mit der Idee, ein Buch zu schreiben, da sie denken, dass ein Buch über 300 Seiten lang sein soll. Und das ist falsch! Viele Menschen, die etwas lernen wollen oder sich von einer Story (zum Beispiel von einem Märchen) begeistern lassen möchten, wollen keine Riesenromane lesen. Viele Menschen sind praktischer und wollen in kurzer Zeit etwas lesen, was ihnen etwas bringt. Du musst nicht ein E-Book mit über 300 Seiten schreiben. Erstens ist das unproduktiv; zweitens ist das langweilig und drittens ist das zeitintensiv.

Ein gutes E-Book soll daher zwischen 18000 und 20000 Wörter umfassen. Das macht ungefähr 100 bis 120 Seiten als Kindle-Buch.

Wenn wir einen Rückblick auf die Entwicklung der Medien werfen, werden wir feststellen, dass die Menschen auf ganz unterschiedliche Wege Information konsumiert haben. Wenn früher Zeitungen, Zeitschriften, Fernsehen und das Radio die beliebtesten „Instrumente" zur Gewinnung von Information waren, werden sie heutzutage durch neue Instrumente verdrängt, die überwiegend in der digitalen Welt zu Hause sind.

Deine Internetseite mit deiner Blogseite, dein YouTube-Channel und die Veröffentlichung deiner Werke als E-Books zum Beispiel auf der Kindle-Plattform stellen die perfekte Mischung für den Start deines Online Business dar.

Schritt Nummer 7 – Fange sofort an!

Nach dem Studium habe ich damals mehrere Praktika bei unterschiedlichen Unternehmen absolviert. Aber besonders bei einer Firma konnte ich ein gewöhnliches Phänomen bemerken, das sich leider immer wieder in großen sowie in kleinen Betrieben wiederholt: Junge Leute tappten in die Falle des Systems, welches eine rosige und vielversprechende Zukunft garantiert. Die sogenannten Azubis (junge Leute mit 19 und 20 Jahren) lernten von Anfang ihrer Berufskarriere an die interne Welt dieses Unternehmens kennen mit der Absicht, nicht nur ein bestimmtes, kleines Gebiet der gesamten Organisation zu beherrschen, sondern für den Rest ihres Berufslebens im Hamsterrad gefangen zu bleiben.

Dieses Unternehmen bietet heute immer noch, quasi sofort, einen unbefristeten Arbeitsvertrag mit kleinen, winzigen Zuschlägen bei Überstunden und der Möglichkeit, selbstverständlich frei der Gewerkschaft beizutreten. Mit diesen emotionslosen Eigenschaften eines Arbeitsgebers werden junge Leute verführt. Menschen werden somit eine perfekte Komfortzone angeboten und sie werden zu neuen Hamstern der neuen Generation.

Was all diese Menschen leider nicht wissen, ist, dass es einen anderen Weg gibt, ordentlich viel Geld zu verdienen, ohne das System bekämpfen zu müssen, bei dem man auch frei ist. Diesen Weg habe ich dir entlang dieses Buches gezeigt. Allerdings wird es dir nichts bringen, wenn du dieses Buch einfach liest, ohne etwas zu unternehmen.

Dieser letzte Schritt, den du gerade vor deinen Augen liest, wird mit der magischen Zahl 7 repräsentiert. Die Nummer 7 findest du sowohl in der Natur als auch in der Spiritualität sowie in vielen anderen Bereichen des Lebens. Die Woche hat 7 Tage. Ein Regenbogen hat 7 Farben. Es gibt 7 Weltwunder. Die Ozeane wurden in 7 Weltmeere aufgeteilt. Die Christen kennen die 7 Tugenden und die 7 Todsünden und James Bond ist der Agent 007. Die Nummer 7 ist die Zahl der Vollkommenheit. Das bedeutet, dass mit dem letzten Schritt dieses Plans ein neues Leben für dich beginnt.

Es ist nicht das Ziel dieses E-Books, die einzige Antwort zu vermitteln, sondern es ist die Absicht dieses Buches, einen anderen Blickwinkel zu verschaffen, der dir dabei helfen kann, die gesuchte finanzielle Freiheit zu erzielen.

Der letzte Schritt dieses Plans beginnt mit dem ersten Schritt

Etwas, was du unbedingt begreifen sollst, ist, dass es nicht den perfekten Moment gibt. Es gibt keinen besseren Moment als den jetzigen. Ganz wichtig bei diesem Gedanke ist, dass du dich auf die Zukunft fokussieren musst. Jedes Mal, wenn du deine Ideen und Projekte verschiebst, verlierst du wahres Geld.

Falls du dich nicht mehr an die ersten Gedanken dieses Buches erinnern kannst: Eine der ersten Ideen war, dich selbst zu ändern. Um anzufangen, reich zu werden, musst du anfangen zu denken. Genau diese kleine Veränderung in deiner Mentalität war der erste Schritt dieses Plans. Du kannst möglicherweise ein hervorragender Schüler mit ausgezeichneten Noten gewesen sein. Dennoch: Wenn du dein Denken bezüglich der finanziellen Intelligenz nicht änderst oder trainierst, dann wirst du immer Hamster des Systems bleiben.

Die sofortige Veränderung deiner Mentalität ist das, was dich von der großen Masse unterscheidet. An dieser Stelle werden dir nicht deine guten Bekannten oder Freunde, noch nicht einmal deine Eltern oder andere Familienmitglieder weiterhelfen, weil sie ebenfalls die Komfortzone durchlaufen haben und nicht den anderen Weg kennengelernt haben.

Die Veränderung deiner Denkweise beginnt aber nicht mit der Kündigung deines Arbeitsvertrages.

Ich habe einige Bekannte, die an Silvester den Vorsatz fassen abzunehmen. Viele fangen tatsächlich an. Viele davon recherchieren nach den besten Diäten und werden Mitglieder im Fitnessstudio. Bei den meisten dauert es leider nur ein paar Wochen und dann kehren sie zu ihren alten Gewohnheiten zurück. Sie sitzen nach Feierabend auf der Couch, trinken dabei ein Bier und schmeißen ein Fertigprodukt in die Mikrowelle. Das bedeutet ganz klar, dass es weder auf die perfekte Diät noch das besten Fitnessstudio der Stadt ankommt. Es kommt viel mehr darauf an, wer du sein willst, und das bedeutet für dich: Zielstrebigkeit.

Das Gute an der Veränderung der Mentalität ist, dass sie kostenlos ist. Bei vielen Menschen ist es schwierig, tief verwurzelte Denkmuster zu ändern. Die neue Betrachtung gegenüber Geld, Arbeit und finanzieller Intelligenz ist bestimmt nicht einfach, aber machbar, solange du daran glaubst.

Dein Brand bist du selbst und dein Business ebenso

Die Umsetzung deiner unternehmerischen Mentalität beginnt damit, dass du dein Business von anderen auf dem Markt differenzierst. Sei an dieser Stelle kreativ, lass dir einen sympathischen Namen für dein Online Business einfallen. Dazu benötigst du selbstverständlich die Registrierung deiner Domain, den Entwurf eines schönen Logos und die Erstellung deiner Webseite mithilfe von WordPress zum Beispiel. Vergiss bitte nicht, Email-Marketing zu betreiben. Die Emails deiner Fans sind der Schlüssel zur Generierung von Leads und potenziellen Käufern. Baue dafür eine Landing-Page auf deiner Webseite ein und nutze einen Email-Verteiler für die Verwaltung der E-Mails. Ich kann dir durchaus Klick Tipp als Email-Marketing-Lösung ganz gut empfehlen.

Investiere für die Entwicklung deines Brands auf jeden Fall Zeit. Wenn du immer bei deinem Arbeitgeber beschäftigt bist, dann sind diese 2 oder 3 Stunden, die du beim Schauen deiner Lieblingssendung, Fußball oder Tagesschau verschwendest, sehr viel wert.

Dein neuer Brand soll mit dir wachsen und dafür benötigst du nur Zeit, Ruhe und einen festen Arbeitsplatz bei dir zu Hause.

Der Plan, den ich dir gebe, ist der Plan, der dich herausfordert, deine Mentalität zu ändern und Ziele zu setzen. Dennoch ist es ebenfalls sinnvoll, dass du für die Entwicklung deines Brands deinen eigenen internen Plan entwirfst und eigene Ziele setzt.

Hier zum Beispiel kannst du dir Ziele setzen in Bezug auf die Arbeitsproduktivität nach Feierabend, die Höhe des Einkommens, das du während die ersten sechs Monaten erzielen willst, und wann du endlich deinen Arbeitsvertrag kündigst.

Deine emotionale Intelligenz

Die Umsetzung des siebten Schritts ist tief mit deiner emotionalen Intelligenz verbunden. Wir Menschen empfinden sehr viele unterschiedliche Arten von Gefühlen, wie zum Beispiel, Liebe, Wut, Hass, Freude, Glück oder Angst. Wenn es um Risiken geht, belehrt uns die soziale Konditionierung, dass wir lieber keine Risiken eingehen und lieber auf Nummer Sicher gehen sollen. Das ist ganz normal, da wir Menschen sind. Der Unterschied besteht aber darin, **WIE** wir mit unseren Gefühlen umgehen. Insbesondere mit **Angst**.

Einer der wichtigsten Gründe, der uns hindert, den ersten Schritt zu wagen und somit den ganzen Plan wegzuwerfen, ist, dass wir von Angst beherrscht werden. Das Gefühl Angst wird meistens in Zusammenhang mit dem Umgang mit Geld gebracht. Die Angst, uns in einem neuem Lebensbereich zu vertiefen mit dem Ziel, die Komfortzone zu verlassen und uns auf unsere eigene Leistung zu konzentrieren, ist für viele Menschen leider tödlich.

Der Umgang mit Angst wird leider in der Schule nicht gelernt. Der Umgang mit Angst soll von uns allen bekämpft und unseren Kindern beigebracht werden. Wer keine Angst hat, Fehler zu machen, sich neue Ziele zu setzen und das Arbeitsverhältnis zu kündigen, wird seine finanzielle Freiheit erzielen.

Meiner Meinung nach besteht die beste Weise, die Angst zu bekämpfen, darin, erstens Selbstvertrauen zu haben und zweitens den Mut zu haben, den ersten Schritt zu wagen. Ich habe dir oben schon mal erzählt, dass es nicht notwendig ist, dein Arbeitsverhältnis zu kündigen, sondern langsam mit dem Plan anzufangen.

Erwarte bitte nicht, dass du die ersten Ergebnisse dieses Plans auf magische Weise sofort bekommen wirst. In den meisten Fällen wird es dauern, bis du die ersten Resultate deiner Bemühungen erhalten wirst. An dieser Stelle kann ich dir nur zwei Dinge empfehlen: Geduld und Ausdauer. Lass dich bitte nicht beunruhigen und wirf nicht das Handtuch, wenn du die gewünschten Ergebnisse noch nicht bekommst. Denke einfach an dieser Stelle, was du an deiner Strategie bezüglich deines Contents, Blogartikeln, YouTube-Channels usw. besser machen kannst.

Sobald du siehst, dass der Plan für dich tatsächlich funktioniert, und dein Bankkonto sich langsam fühlt, dann überdenke, ob dieses Einkommen deinen Erwartungen entspricht, und danach überlege ganz genau, wann du endlich deinem Chef „Tschüss" sagen wirst.

Die Vollendung des siebten Schritts ist der Anfang deiner Expansion

Passives Geld automatisch zu verdienen, bedeutet nicht automatisch, dass du dein Leben genießen wirst, wie du es dir immer vorgestellt hast. Achtung! Sei vorsichtig! Falle nicht in Versuchung und lass dich nicht von deinen Emotionen kontrollieren. Es gibt leider sehr viele Menschen, die sich von der Versuchung des Geldes verblenden und unkontrolliert durch die Verlockung seines Reichtums wieder in Armut fallen lassen. Mach bitte nicht diesen Fehler. Schaue dir einfach solche Lottogewinner oder angebliche TV- oder Fußball-Stars an, die sehr talentiert, aber nicht intelligent genug waren, ihr Vermögen zu bewirtschaften.

Für dich bedeutet passives Einkommen an dieser Stelle, die Administration deines Vermögens konsequent zu führen. Das bedeutet, erstens einen Teil deines Geldes in künftige Projekte zu investieren, zweitens deine Lebensunterhaltungskosten weiter niedrig zu halten und drittens einen Teil davon in anderen Finanzinstrumenten anzulegen (z.B. ETFs, Aktien), die dir künftig noch mehr Geld bringen.

Finanzielle Freiheit beginnt erst für dich, wenn das System, das du selbst erschaffen hast, automatisch und ständig für dich arbeitet. Das heißt, dass das Geld, das du in die Umsetzung deines Projekts investiert hast, für dich arbeitet und du nicht mehr für Geld arbeiten musst.

Sobald du das erreicht hast, denke an die Expansion deines Business. Das ist genau der nächste Schritt nach der Vollendung des siebten Schritts. Da du wahrscheinlich bereits eine unternehmerische Mentalität entwickelt und als Kapitalist verstanden hast, dass unser System unstabil sein kann, musst du an Expansion denken.

Expansion bedeutet ganz konkret **Diversifikation.** Sobald du dein erstes großes Projekt vollendet hast, beginne mit dem zweiten Projekt. Mache dir unbedingt Gedankten über neue Ideen und neue Branchen und Nischen, in denen du agieren kannst. Versuche nicht alles auf einmal zu machen. konzentriere dich erstmal auf ein Projekt. Wenn es fertig ist, dann fange mit dem zweiten an.

Diversifiziere dein Portfolio. Biete deine Produktpalette in mehreren Sprachen an. Nutze andere Informationskanäle wie zum Beispiel Podcasts oder lass eine App entwickeln. Je größer die Abdeckung über deinen Markt ist, desto mehr Leads und kaufende Kunden wirst du erreichen können.

Bürokratie als notwendiges Übel

Noch eine Sache, die du bei dem Aufbau deines Online Business nicht vergessen darfst, ist, juristische Beratung bei der Veröffentlichung deiner Seite zu Rate zu ziehen. Ich empfehle dir ebenfalls, ein Bankkonto (Geschäftskonto) zu eröffnen, in dem du alle deine Transaktionen bezüglich deines Business verfolgen und verwalten kannst. Ebenfalls darfst du nicht vergessen, den Rat eines Steuerberaters in Anspruch zu nehmen, denn Steuern sind immer ein Thema bei der Führung jedes Unternehmens.

Und zum Schluss noch ein weiterer Gedanke ...

Ich freue mich sehr, dass du diese letzten Seiten liest. Und ich hoffe sehr, dass dir dieser Plan zur Veränderung deines Lebens gefallen hat. Ich habe bisher versucht, dir nicht die allereinzige Antwort zum Thema finanzielle Freiheit zu vermitteln. Ich habe nur versucht, dich davon zu überzeugen, dass du ein gefangener Sklave des Systems bist, aber dass es Mittel und Wege gibt, das Hamsterrad für immer zu verlassen.

Der Plan, den du gelesen hast, ist zumindest der Plan, der mir dabei geholfen hat, mich nicht mehr für die Geschäfte anderer zu arbeiten. Er hat mich dabei unterstützt, meine eigenen Ziele zu formulieren und mich auf meine eigenen Geschäfte zu konzentrieren.

Es liegt einfach in deiner Macht: Entweder machst du eine Arbeit, die du nicht magst, aber aus Angst ausüben musst, oder du findest einen Job, der dich frei macht. Konkret gesagt bedeutet für dich, dass du deine Einstellung zu deinem Leben ändern sollst. Entweder hilfst du anderen, Geld für sie zu verdienen, oder du hilfst dir selbst, Geld für dich selbst zu verdienen.

Aber diese Einstellung ändert sich, wenn du erstmal erkennst, dass das System dich versklavt, und wenn du an deiner finanziellen Intelligenz arbeiten musst. Das heißt, dass du den Preis nicht unbedingt mit Geld, sondern mit Zeit, Anstrengung und Widmung bezahlen musst. Das bedeutet konkret, Bücher zu lesen, Finanzblogs und YouTube-Channels zu abonnieren, Seminare zu besuchen und Kurse zu belegen. Wie du das alles finanzierst, hast du schon oben gelesen. Entweder ist diese Information für dich kostenlos oder kostet etwas Geld. Und wie du zu diesem Geld kommst, erfährst du bei der Anwendung des zweiten Gebots.

Vergiss bitte nicht, dass wir Menschen das Ergebnis unserer Entscheidungen sind. Falls du eine miese Arbeit hast und wenn du dich ausgebeutet und in einem Hamsterrad gefangen füllst, dann ist diese Situation einfach das Resultat deiner eigenen Entscheidungen. Du allein hast entschieden, dort zu sein. Weder der Staat noch dein Arbeitgeber noch dein Nachbar oder ein Flüchtling ist schuld an deiner jetzigen Situation und kein Mensch hat für dich entschieden, eine miese Arbeit für andere zu erledigen.

Das Gute an dieser ganzen Geschichte ist, dass du immer noch frei bist, weitere Entscheidungen für dich zu treffen. Wenn du die Botschaft dieses Buches begriffen hast, dann kann die Entscheidung für eine Änderung deines Lebens nicht so schwer sein.

An dieser Stelle bleibt mir nicht anders übrig, als dir zu sagen: Genieße das Leben, von dem du immer geträumt hast. Treffe jetzt die richtige Entscheidung und ändere dich selbst. Glück werde ich dir nicht wünschen, denn dank deinem Willen und deiner Mühe steht dir das Beste bevor.

Nutze diese Ressourcen!

Blog

www.bisnology.de – Das ist mein Blog mit verschiedenen Artikeln und zahlreichen Tipps für die Business-Welt.

Web-Design

Wordpress.org – Wordpress ist die meisgenutzte Plattform für die Erstellung von Blogs. Mit Wordpress kannst du in wenigen Minuten eine Internetseite entwickeln und deinen eigenen Blog-Artikeln veröffentlichen.

Webplus – www.serif.com – Serif ist die Firma, die Webplus entwickelt und vertreibt. Ohne Programmierkenntnisse kannst du deine eigene Webseite designen. Diese Software beinhaltet sehr viele features und Tools damit deine Seite schön und modern aussehen kann.

Web-Hosting

Es gibt zahlreiche Web-Hosting-Anbieter wie zum Beispiel:

All-Inkl.com

Strato.de

1und1.de

Outsourcing Seiten

Fiverr.com – In Fiverr findest du ein großes Angebot von Freelancern, die dir für ganz wenig Geld dabei helfen, deine Internetseite mit Logos, Facebook-Bannern zu designen und erstellen. In Fiverr findest du ebenfalls Freelancer, die deine Covers für deine E-Books entwerfen.

Upwork.com – Upwork funktioniert ähnlich wie Fiverr. Es ist ein wenig teuerer als Fiverr, dennoch du erhältst hochwertige und professionelle Ergebnisse.

Design

Canva.com – Wenn du Photoshop nicht gut beherrscht (wie ich!) Canva kann ein gutes Tool für die Erstellung von Banners, Facebook Posts, Blog-Fotos, etc. sein

Geldüberweisung

Paypal.com – Mit einem Paypal-Konto kannst du deine Zahlungen schnell und umkompliziert auf zahlreichen Internetseiten abwickeln.

Digistore24.de – Digistore24 kümmert sich um die komplette Zahlungsabwicklung deine Produkte auf deiner Internetseite, wie zum Beispiel Kurse oder E-Books.

Bankkonto

www.comdirect.de

www.consorsbank.de

Diese 2 Banken bieten dir kostenlose Girokonten und Kreditkarten. Bei beiden Banken kannst du sogar ein kostenloses Depot eröffnen und somit in die Welt der Börse (Aktien, ETFs) eintauchen.

Landing Pages

www.optimizepress.com

www.leadpages.com

Mit beiden Tools kannst du ganz geschickt deine Leads in potenziellen Käufern konvertieren. Sobald du ein Opt-In-Seite damit in deine Seite eingebaut hast, werden die Besucher deiner Internetseite in der Lage sein, sich für ein bestimmtes Produkt anzumelden.

E-Mail-Marketing

www.klick-tipp.com ist längst der beliebteste Anbieter im deutsch-sprachigen Raum. Klick-Tipp ist nicht nur ein E-Mail-Verteiler sondern eine Lösung für die Segmentierung deiner Kunden anhand von Tags. Mehr Infos dazu selbstverständlich auf der Internetseite von Klick-Tipp.

Pictures

www.fotolia.com

www.dollarphotoclub.com

www.pixabay.com

Die 2 oberen sind kostenpflichtige Anbieter in Sache linzenfreie Bilder. Allerdings mit einem kleinen Budget kannst du regelmäßig Bilder herunterladen, die du frei auf deiner Internetseite einfügen kannst. Auf der Internetseite von Pixabay findest du aber lizenzfreien kostenlose Bilder, die du ebenfalls nutzen kannst. Verigiss nicht, dass du deine Seite mit Bildern viel schöner und attraktiver machen kannst.

Haushaltsplan

http://bisnology.de/budget-excel-tool/

Mit dem kostenlosen Budget- Excel-Tool kannst du deine Finanzen völlig unter Kontrolle halten.

Ein Online Business aufbauen

Lade dein E-Book „**So Startest Du Ein Erfolgreiches Online Business**" völlig kostenlos herunter. Besuche dafür meine Webseite www.bisnology.de.

Bitte beachte: Keiner der in diesem Buch angegebenen Links sind Affiliate-Links.

Über mich

Hi! Mein Name ist Carlos Marchand. Ich bin ein sehr neugieriger
Mensch, ein passionierter Leser und ein leidenschaftlicher Koch.
All das, was mir gefällt setze ich ständig und konsequent um.
Und zwar jeden Tag meines Lebens. Bevor ich mich für diesen
Weg entschieden habe, haben mir sehr viele Leute immer
wieder gesagt, dass das Leben so ist, wie es ist: in die Schule
gehen, ein gutes Studium oder eine Ausbildung absolvieren, für

eine Firma arbeiten, Geld verdienen, sich verschulden, eine Familie gründen, Kinder kriegen, weiter wie ein Sklave arbeiten, und wenn man alt genug ist und alle Schulden beglichen sind, erst dann kann man den Rest des Lebens ausleben. Ich habe diese Theorie nicht so akzeptiert. Ich habe aber viel mehr daran geglaubt, dass jeder seine eigene Vision vorstellen und seine eigene Welt erschaffen kann. Die Welt, in der ich leben will, wollte ich immer selbst bestimmen und ohne von der Macht des Systems manipuliert zu werden. Ein System, das ein passives Einkommen generiert, war für mich der beste Weg, um mich aus dem Hamsterrad zu befreien. Ich entwickle verschiedenen E-Books zum Thema Business und schreibe regelmäßig Artikeln auf meinem Blog. Wenn du mehr über Business und Business-Lösungen erfahren willst und wie du ein erfolgreiches Online Business starten kannst, dann besuch bitte mein Blog www.bisnology.de und lade dir mein Buch „**So Startest Du Ein Erfolgreiches Online Business**" völlig kostenlos herunter. Vielen Dank, dass du dieses Buch gelesen hast und ich wünsche dir viel Erfolg bei der Umsetzung deines neuen Projekts, das dein Leben verändern wird.